Michael Schuster

Corporate Venture Capital

Innovationsvorsprung für große Unternehmen durch Technologiemanagement und Unternehmertum

Michael Schuster

CORPORATE VENTURE CAPITAL

Innovationsvorsprung für große Unternehmen durch
Technologiemanagement und Unternehmertum

ibidem-Verlag
Stuttgart

Bibliografische Information Der Deutschen Bibliothek

Die Deutsche Bibliothek verzeichnet diese Publikation in der Deutschen
Nationalbibliografie; detaillierte bibliografische Daten sind im Internet
über <http://dnb.ddb.de> abrufbar.

∞

Gedruckt auf alterungsbeständigem, säurefreien Papier
Printed on acid-free paper

ISBN: 3-89821-279-3
© *ibidem*-Verlag
Stuttgart 2003
Alle Rechte vorbehalten

Printed in Germany

Geleitwort

Innovationen sind die wichtigste und elementare Voraussetzung zur langfristigen Sicherung der Ertragskraft und Wertschaffung von Unternehmen. Sie sind damit letztendlich Bedingung für das langfristige Überleben im Wettbewerb. Innovationen eröffnen neue Märkte und sind der Schlüssel zu Kosten-, Preis- und Zeitvorteilen.

Innovationen können jedoch nicht ‚befohlen‘ oder gar zentral geplant werden. Jedes Neue entzieht sich den traditionellen Führungsinstrumenten. Es kann sich nur in kreativen Freiräumen entwickeln. Mit zunehmender Unternehmensgröße muss naturgemäß der Umfang dieser ‚Zonen der Unsicherheit‘ als Nährboden der Kreativität und damit des Neuen abnehmen. Immer mehr muss geregelt und gerechtfertigt werden, immer weniger Wege gibt es, dem Unbekannten eine Chance zu geben. Beharrungs- und Bürokratisierungstendenzen großer Unternehmen erschweren das kreative Begehen neuer Pfade. Kleine Unternehmen bzw. Start-Ups dringen in diese Lücke. Sie haben mehr Freiräume und sind angesichts des möglichen Unternehmenslohns auch bereit, höhere Risiken einzugehen.

Corporate Venture Capital-Programme versuchen, die (unbestrittenen) Vorteile großer Unternehmen, beispielsweise Know-how und Ressourcen, zu bewahren und so weit als möglich zu nutzen. Gleichzeitig sollen im Unternehmen ‚Inseln der Kreativität‘ geschaffen werden, in denen Mitarbeiter Dinge auch ‚anders‘ denken können sollen. Was zunächst paradox klingen mag, eröffnet großen Unternehmen jedoch neue Innovationspfade und erschließt neue Wachstumsmöglichkeiten in innovativen Technologie- und Produktfeldern.

Michael Schuster ist in seinem Beitrag der bereits implizit angesprochenen Frage nachgegangen, auf welche Weise bzw. durch welche Wirkungszusammenhänge eine Stärkung der Innovationskraft großer Unternehmen durch die Institutionalisierung von Corporate Venture Capital-Programmen Erfolg haben kann. Zusätzlich – und das ist insbesondere aus der Sicht der Unternehmensleitung nicht minder wichtig – entwickelt er einen Vorschlag, wie dieser Innovationsschub quantitativ erfasst und bewertet werden kann.

Ich bin überzeugt, dass mit dieser Publikation eine wichtige Lücke in der systematischen Durchdringung der komplexen Mechanismen, die zum Erfolg von Innovationen führen, geschlossen wird und wünsche ihr in Wissenschaft und Praxis eine weite Verbreitung und positive Resonanz.

München, im Juni 2003

Prof. Dr. Michael Mirow

Inhaltsverzeichnis

Abbildungsverzeichnis

1 Einleitung

Die Fähigkeit zum Hervorbringen erfolgreicher Innovationen spielt bei der langfristigen Sicherung der Ertragskraft großer und kleiner Unternehmen eine entscheidende strategische Rolle. So identifiziert beispielsweise Mirow (1998), S. 482f., neben Größenvorteilen (‚economies of scale') und Leistungsdifferenzierung (‚economies of scope') vor allem Innovation und Schnelligkeit (‚economies of speed') als entscheidende strategische Stellgrößen zur Erlangung von Wettbewerbsvorteilen mittels „first-mover-Vorteilen".[1] Auch laufen Unternehmen, die nicht mehr ausreichend innovieren, ständig Gefahr, von innovativeren Konkurrenten, die über ein aus der Sicht der Kunden attraktiveres Produkt verfügen, aus dem Markt gedrängt zu werden. Allein aus diesen beiden Überlegungen heraus wird schnell deutlich, dass die Aufrechterhaltung der Innovationskraft des Unternehmens einer der entscheidenden Gesichtspunkte strategischer Entscheidungen sein muss, da Unternehmen nur mit innovativen und konkurrenzfähigen Produkten und Dienstleistungen langfristig im Wettbewerb bestehen können.[2]

Große multinationale Unternehmen sehen sich zunehmend bedeutenden Umbrüchen und Herausforderungen des sozioökonomischen Feldes gegenüber. So wird das Wettbewerbsumfeld, insbesondere durch die immer stärker werdende Globalisierung und Vernetzung der einzelnen Finanz-, Beschaffungs- und Absatzmärkte, zunehmend dynamischer und komplexer, die Kundenwünsche zunehmend differenzierter. Gleichzeitig werden die Innovationszyklen aufgrund des wachsenden Konkurrenzdrucks der globalisierten Absatzmärkte immer kürzer, bei gleichzeitig immer schneller werdendem Preisverfall der Produkte. Diese Entwicklung stellt das Innovationsmanagement multinationaler Unternehmen vor große Herausforderungen.

Innovation bzw. Invention ist im Gegensatz zu ‚herkömmlicher' Forschung und Entwicklung eine Querschnittsaufgabe, die nur schwer planbar ist. Oftmals geschieht

---

[1] Der entscheidende Vorteil einer solchen first-mover-Position besteht darin, dass das Unternehmen mittels des erreichten Innovationsvorsprungs die Möglichkeit hat, eine temporäre Monopolstellung zu errichten, aus der heraus es dann Monopolrenditen erzielen kann (vgl. Mirow 1998, S. 484).

[2] Vgl. auch ausführlich Mirow (2003).

beides auch scheinbar zufällig. So beschreiben Jewkes et al. (1962) den Prozess der
Invention als

> „(...) more often a series of stops and starts, of desperate frustrations and backtrackings,
> of logical steps intermixed with blind shots and of final success when it seems the most
> unlikely and the least hoped for." (Jewkes et al. 1962, S. 80)

Diese etwas persiflierende Darstellung macht jedoch deutlich, dass erfolgreiche Innovation im Unternehmen ein bestimmtes Milieu benötigt. Aufgrund der geschilderten
Komplexität und ‚Un-Planbarkeit' von Innovationsprozessen wird die Notwendigkeit
eines organisatorischen Umfelds ersichtlich, in dem die erforderliche Kreativität gedeihen kann, die für erfolgreiche Innovationen notwendig scheint. Eine solche Umgebung findet man erwartungsgemäß eher in kleinen, mittelständischen Unternehmen
mit flachen Hierarchien und kurzen Entscheidungswegen als in großen, multinatio-
nalen Konzernen mit polyzentrischen Strukturen, großen Hierarchien und aufwendigen, komplexen Entscheidungswegen. Eine Vielzahl von bedeutenden, radikalen Innovationen haben heutzutage ihren Ursprung nicht mehr, wie zu erwarten wäre, in
den Forschungslabors großer Konzerne, sondern immer öfters in kleinen, neu gegründeten Unternehmen.[3] So hat eine Studie der amerikanischen National Science
Foundation ermittelt, dass zwischen 1953 und 1976 die Mehrzahl aller Innovationen,
die in den USA entstanden sind, ihren Ursprung in kleinen Unternehmen mit einer
Zahl von weniger als 1000 Mitarbeitern hatten.[4]

Vor dem Hintergrund dieser Entwicklung erscheint das folgende Zitat von Larry
Carter, dem CFO von Cisco Systems durchaus nicht übertrieben: „It's no longer a-
bout the big beating the small, it's about the fast beating the slow."[5]. Dies lässt sich
prominent am Beispiel der Internet-Technologie belegen. Berühmte Namen wie
Compaq, Cisco Systems oder Sun Microsystems entstanden alle innerhalb der letzten
20 Jahre quasi aus dem Nichts. Die Marktkapitalisierung von Cisco Systems war bereits 1997 so groß wie die des großen Automobilherstellers General Motors. Intel und
Microsoft – beide im Übrigen unter Zuhilfenahme von Venture Capital entstanden –

---

[3] Zur These der fehlenden Innovationsfähigkeit großer amerikanischer Unternehmen vgl. auch
     The Economist (1999).
[4] Vgl. Bleicher/Paul (1987), S. 64. Ein anderes Beispiel wird in Gompers (1993), S. 1, zitiert:
     danach haben in den USA in den 80er Jahren kleine Unternehmen 322 Innovationen pro Jahr
     pro 1 Million Mitarbeiter geschaffen, bei großen Unternehmen hingegen betrug diese Zahl nur
     225.
[5] Vgl. Symonds (1999), S. 10.

zählen heute zu den fünf größten US-amerikanischen Unternehmen nach Marktkapitalisierung.[6] Insbesondere für etablierte, multinationale Konzerne stellt diese Entwicklung eine besondere Herausforderung dar, da sie aufgrund ihrer Größe und ihres Organisationsgrades traditionell weniger Möglichkeiten haben, ein entsprechendes kreatives Umfeld zur Verfügung zu stellen, in dem Innovationen erfolgreich entstehen können. Daraus könnte sich für diese Unternehmen in der Zukunft ein möglicher Wettbewerbsnachteil gegenüber kleinen bzw. neu gegründeten Unternehmen ergeben, die sich ja gerade durch ein sehr kreatives und innovationsfreundliches Umfeld auszeichnen.

Im Zusammenhang mit der Entstehung innovativer neuer Industrien, wie beispielsweise des Internets oder der Biotechnologie, fällt auf, dass viele dieser jungen Unternehmen, die die Entwicklung dieser neuen Technologien wesentlich mitgetragen und gestaltet haben, oft unter Zuhilfenahme einer bestimmten Art der Gründungsfinanzierung entstanden sind. Diese Art der Finanzierung wird meist als Venture Capital-Finanzierung, im deutschen Sprachraum auch als Wagnis- oder Risikofinanzierung, bezeichnet. Offenbar gibt es einen Zusammenhang zwischen der Verfügbarkeit von Venture Capital in einer Industrie und dem Grad der Innovation bei den beteiligten Unternehmen. Beispielsweise haben Kortum/Lerner (1998) in einer umfangreichen empirischen Studie festgestellt, dass Venture Capital-Investitionen nicht selten bis zu zehnmal produktiver in Bezug auf die Generierung von Patenten waren als herkömmliche FuE-Ausgaben.

Es stellt sich daher, anknüpfend an dieser Beobachtung, für die Leitung etablierter Unternehmen die Frage, inwieweit eine Übertragung der Funktionsmechanismen und Methoden des Modells der Venture Capital-Finanzierung auf das eigene Unternehmen bzw. einzelne Teilbereiche eine adäquate Antwort auf diese strategische Herausforderung darstellen könnte. Insbesondere die Frage nach den Möglichkeiten, Wegen und Erfolgsaussichten eines solchen, durchaus ressourcenintensiven Unterfangens müssen von der Unternehmensleitung eingehend diskutiert und abgewägt werden. Hierbei stellen sich im wesentlichen zwei Fragen: zum einen muss untersucht werden, ob die Nutzung des Venture Capital-Modells in Form eines Corporate Venture Capital-Programms überhaupt in der Lage sein kann, die Innovationskraft etablierter Unternehmen zu stärken, um auf diesem Wege die skizzierte Innovationslücke zwischen großen und kleinen Unternehmen zu schließen. Die zweite Frage ergibt sich aus der Notwendigkeit einer strategischen Kontrolle der eingeleiteten Maßnahmen

---

[6] Vgl. The Economist (1997).

und beschäftigt sich entsprechend mit der Suche nach Möglichkeiten, den etwaig geleisteten Beitrag eines solches Programms bei der Stärkung der Innovationskraft zu
messen. Eine aussagekräftige Beantwortung beider Fragen ist für die Leitung eines
großen Unternehmens, welches sich dieser strategischen Herausforderung gegenüber-
sieht, von entscheidender Bedeutung. In diesem Beitrag soll der Versuch unternommen werden, eine Antwort auf diese Fragen zu suchen.

Abschließend soll nun der weitere Verlauf des Textes skizziert werden. An dieses
einleitende *erste Kapitel* schließt sich im *zweiten Kapitel* eine umfassende Darstellung der Funktionsweisen und Methoden der Finanzierung junger Startup-Unternehmen mittels Venture Capital an. Hierbei sollen die wesentlichen Merkmale und die
besondere Eignung dieser Form der Unternehmensfinanzierung eingehend diskutiert
und eine Verbindung mit der Fähigkeit zur Innovation hergestellt werden.

Im Mittelpunkt des *dritten Kapitels* steht die formale und inhaltliche Abgrenzung von
‚normalem' Venture Capital-Aktivitäten gegenüber denen etablierter Industrieunternehmen, die auch als Corporate Venture Capital bezeichnet werden. Zwar lässt die
semantische Nähe dieser beiden Begriffe auf eine enge Verwandtschaft in Form und
Inhalt schließen, jedoch ergeben sich aus der methodischen Beschränkung der Kapitalgeber auf etablierte Industrieunternehmen einige wesentliche Verschiebungen, die
nicht zuletzt in den strategischen Zielsetzungen zu finden sind. Diese Unterschiede
sollen hier herausgearbeitet werden.

Ein kurzer Exkurs soll anschließend im *vierten Kapitel* die mögliche Entwicklung
und Ausgestaltung von Corporate Venture Capital-Programmen in der Praxis anhand
eines prominenten Falles schildern. Zu diesem Zweck werden die diesbezüglichen
Aktivitäten der Siemens AG, eines der führenden deutschen Industrieunternehmen,
sowohl in ihrem historischen Verlauf als auch in der aktuellen Konfiguration dargestellt und einer kurzen Bewertung unterzogen.

Die folgenden beiden Kapitel befassen sich dann mit den zentralen Fragestellungen
dieses Beitrags. Im *fünften Kapitel* wird untersucht, ob und auf welche Weise die
Nutzung des Venture Capital-Modells der Gründungsfinanzierung für große Unter-
nehmen tatsächlich eine Möglichkeit darstellt, die eigene Innovationskraft zu stärken.
Das *sechste Kapitel* versucht anschließend die Frage nach den Möglichkeiten einer
Messung des Beitrags eines solchen Programms zu beantworten, indem zunächst die
Grenzen herkömmlicher Portfolio-Ansätze ausgelotet werden, um diese dann sinnvoll
zu ergänzen.

Im Rahmen einer Schlussbetrachtung wird im *siebten Kapitel* schließlich versucht, die im bisherigen Verlauf der Überlegungen angeschnittenen Themenfelder sinnvoll zu kombinieren und einer Beantwortung der in dieser Einleitung skizzierten Problemstellung zuzuführen. Abgeschlossen werden die Überlegungen dann mit einer ausblicksartigen Betrachtung notwendiger weiterer Forschungsbemühungen.

2 Unternehmensfinanzierung durch Venture Capital

Betrachtet man die Verwendung des Begriffs Venture Capital in Theorie und Praxis, so fällt auf, dass diese Form der Unternehmensfinanzierung stets mit einem bestimmten Typ von Unternehmen in Verbindung gebracht wird. Dabei handelt es sich vorwiegend um junge, d.h. am Markt noch nicht etablierte Unternehmen, die oft aus nicht mehr als dem oder den Gründern und einer Produkt- oder Serviceidee bestehen.[7] In der Regel fehlen diesen jungen Unternehmern aber die notwendigen Ressourcen, die zu einer Erfolg versprechenden Realisierung ihrer Idee notwendig wären.

Aufgabe dieses Kapitels ist die umfassende Darstellung des Phänomens Venture Capital und die gedankliche Verknüpfung dieser besonderen Form der Unternehmensfinanzierung mit der Innovationskraft von Unternehmen. Entsprechend soll in drei Schritten vorgegangen werden: (1) zunächst werden grundsätzliche Möglichkeiten der Unternehmensfinanzierung diskutiert und auf ihre Eignung für junge Unternehmen hin untersucht. (2) Im Anschluss daran wird die besondere Eignung von Venture Capital als besondere Form der Eigenkapitalfinanzierung für solche Unternehmen aufgezeigt. (3) Aufbauend auf dieser Erkenntnis sollen die wesentlichen Eigenschaften und Gestaltungsmerkmale dieser speziellen Finanzierungsform erläutert werden, um (4) in einem abschließenden Fazit die besondere Eignung von Venture Capital als Innovationsfinanzierung zu diskutieren.

2.1 Notwendigkeit und Möglichkeiten externer Finanzierung

Im Gegensatz zu etablierten Unternehmen, die mit einem existierenden und etablierten Produktportfolio am Markt agieren und aus den Umsatzrückflüssen dieser Produkte neue Investitionsprojekte, z.B. zur Verbesserung bestehender oder Entwicklung neuer Produkte, finanzieren können, befinden sich junge Unternehmen in ihrer frühen Gründungsphase in einem finanziellen Dilemma. Auf der einen Seite sehen diese Unternehmer in ihrer innovativen Produktidee ein Investitionsprojekt mit großem tech-

---

7   Wenn im Folgenden immer wieder von *dem* Unternehmensgründer die Rede ist, so ist damit sowohl der Fall eines einzelnen Gründers wie der einer größeren Zahl von Gründern gemeint. Gleichsam ist mit dem Begriff des Produkts bzw. der Produktidee stets sowohl Produkt als auch Dienstleistung, aber auch jedes andere marktfähige Objekt gemeint.

nologischen und kommerziellen Potential, auf der anderen Seite fehlen ihnen aber die finanziellen und sonstigen Ressourcen, um diese Idee zu realisieren.

Zwar bringt der Unternehmensgründer meist einen signifikanten Teil seiner privaten Ersparnisse in die neue Unternehmung ein, jedoch ist dieses Anfangskapital vor dem Hintergrund des immensen Finanzbedarfs gerade in den Anfangsphasen des Innovationsprozesses selten ausreichend. Auf kostengünstiges Fremdkapital haben die Unternehmer aufgrund fehlender Reputation oder Kreditsicherheiten ebenfalls meist keinen Zugriff, gleichzeitig fehlt ihnen noch das marktfähige Produkt, aus dem Umsatzrückflüsse generiert werden können. Aus dieser ‚chronischen' Eigenkapitalnot junger Unternehmen erwächst die Notwendigkeit alternativer Möglichkeiten der Kapitalaufbringung, insbesondere durch von außen herangetragene Finanzierungsmittel.[8]

Für ein junges Unternehmen bieten sich grundsätzlich zwei Wege der Außenfinanzierung, unterschieden nach der Haftung des Kapitalgebers. Dies sind zum einen die Finanzierung mittels nicht-haftendem Fremdkapital, zum anderen mittels voll-haftendem Eigenkapital.[9] Seibert (1998) identifiziert vier wesentliche Vorteile einer Eigengegenüber einer Fremdkapitalfinanzierung für Unternehmen in der Gründungsphase:

> „(1) Wagniskapital[10] steht dem Unternehmen im Gegensatz zu Fremdkapital [zeitlich; M.S.] unbegrenzt zur Verfügung.
> (2) Wagniskapital haftet in der Unternehmenskrise.
> (3) Wagniskapital belastet eine Unternehmung nicht mit periodisch zu leistenden Abgaben, wie dies beim Fremdkapital durch die Zahlung von Zins und Tilgung der Fall ist.
> (4) Die Aufnahme von Wagniskapital verbessert die Kapitalstruktur, wodurch die Möglichkeiten zur späteren Kreditfinanzierung deutlich erweitert werden." (Seibert 1998, S. 37)

Da Zeitpunkt und Höhe zukünftiger Einzahlungsüberschüsse aus dem Investitionsprojekt (d.h. aus dem innovativen Produkt) des Unternehmens in der Gründung noch

---

8   Zu einer theoretischen und empirischen Fundierung der Eigenkapitalmangelhypothese vgl. auch Albach et al. (1986), S. 3ff. Neben diesem finanziellen Problemen identifiziert Klemm (1988), S. 71ff., auch noch organisatorische und personelle Defizite, mit denen junge Unternehmen im Vergleich zu großen Unternehmen stärker konfrontiert werden.

9   Für eine detaillierte Beschreibung verschiedener Alternativen der Kapitalaufbringung wird beispielsweise auf die lehrbuchartige Darstellung in Perridon/Steiner (1995), S. 319ff., verwiesen.

10   Seibert (1998) geht im Falle junger Startup-Unternehmen von einer funktionalen Äquivalenz der Begriffe Eigenkapital und Wagniskapital aus und definiert Wagniskapital als „Risikokapital in Form von Eigenkapital" (vgl. Seibert 1998, S. 37).

unsicher sind, würde eine befristete Kapitalüberlassung möglicherweise zu einer ver-
frühten Rückzahlungsverpflichtung führen oder den Unternehmer unter zu starken
Zeit- und Erfolgsdruck setzen. Ein weiteres Problem ist die asymmetrische Verteilung der Gewinnmöglichkeiten zwischen Unternehmer und Fremdkapitalgeber. Während der Unternehmer von einer riskanten Geschäftspolitik profitiert, präferiert der
Fremdkapitalgeber eine weniger riskante Firmenpolitik, da er nur die im Kontrakt
vereinbarten Zins- und Tilgungszahlungen erhält, der darüber hinausgehende Residu-
algewinn jedoch voll dem Unternehmer zufällt.[11] Zuletzt entsteht dem Unternehmer
aus einer Fremdkapitalfinanzierung die Verpflichtung zur Leistung regelmäßiger
Zins- und Tilgungszahlungen, die er ja aufgrund (noch) nicht vorhandener Umsatz-
erlöse nur schwer würde bestreiten können. In jedem Fall würden sie seine Kapitalba-
sis systematisch aushöhlen. Daher erscheint die Fremdkapital- gegenüber der Eigenkapitalfinanzierung entscheidende Nachteile aus der Sicht junger Unternehmen auf-
zuweisen. Deshalb greifen diese immer öfter auf Eigenkapitalfinanzierung als Kapi-
talquelle zurück.

Klemm (1988), S. 89, unterscheidet die Bereitstellung von Eigenkapital in eine aktive
und eine passive Form. Während der passive Kapitalgeber nur das Kapital zur Verfügung stellt, jedoch keine darüber hinausgehenden Leistungen erbringt, versucht der
aktive Kapitalgeber, bewusst die Entwicklung des Unternehmens über Mitwirkung in
Aufsichts- oder Geschäftsführungsgremien positiv zu beeinflussen.

In jedem Fall lässt sich aber feststellen, dass für die Bedürfnisse innovativer, Neuge-
gründeter Unternehmen eine Finanzierung mittels Eigenkapital besser geeignet
scheint als eine Finanzierung über Fremdkapital. Natürlich existieren in der Praxis
eine Vielzahl unterschiedlichster Möglichkeiten, ein junges Unternehmen von außen
mit haftendem Eigenkapital zu versorgen. Im folgenden Teilkapitel soll die besondere
Eignung von so genanntem Venture Capital als Form der aktiven Beteiligungsfinanzierung untersucht werden.

---

[11] Während der Maximalverlust des Unternehmers auf dessen persönliche Kapitaleinlage beschränkt ist, ist der Maximalgewinn in der Höhe (zumindest theoretisch) unbegrenzt. Der
Fremdkapitalgeber hingegen kann nur einen Maximalgewinn in Höhe der vereinbarten Zins-
zahlungen erzielen, sein Maximalverlust hingegen umfasst im Konkursfall den gesamten Kre-
ditbetrag. Vgl. hierzu auch Klemm (1988), S. 85ff.

2.2 Definition von Venture Capital

Betrachtet man die Literatur zum Themenfeld Venture Capital, so findet sich trotz der zu erwartenden Dominanz angloamerikanischer Ansätze keine einheitliche Begriffsbildung, die das empirische Phänomen adäquat zu erfassen in der Lage ist. Die dort auffindbaren Definitionen des Begriffs Venture Capital orientieren sich meist an der exemplarischen Beschreibung einzelner empirisch erhobener Finanzierungsvorgänge, ohne jedoch den Versuch einer umfassenden abstrakten Definition zu wagen.

Auch der deutsche Sprachraum verfügte lange Zeit nicht über eine einheitliche Begriffsbildung. So wurde schon recht früh der Begriff Wagniskapital als Übersetzung für Venture Capital geprägt.[12] Begriffe wie Risikokapital oder Chancenkapital wurden jedoch ebenso mit diesem Konzept in Verbindung gebracht.[13] Mit der zunehmenden Prominenz des Konzepts in den USA Ende der 70er Jahre wurde der Begriff Venture Capital auch im deutschen Sprachraum immer gebräuchlicher. In Europa hat sich im Laufe der Zeit ein differenzierteres Sprachspiel herausgebildet. Insbesondere die European Venture Capital Association als Dachverband der europäischen Venture Capital-Industrie hat in Zusammenarbeit mit seinen Mitgliedern versucht, den Begriff Private Equity stärker in den Vordergrund zu rücken.

> „*Private equity* provides equity capital to enterprises not quoted on a stock market. (...) *Venture capital* is, strictly speaking, a subset of private equity and refers to equity investments made for the launch, early development, or expansion of a business." (EVCA 1998, S. 5)

Diese Differenzierung wurde aus zwei Gründen notwendig. Zum einen wurde insbesondere in Deutschland der Begriff Venture Capital vor allem mit der Finanzierung junger High-Tech-Unternehmen der Software- oder Telekommunikationsindustrie in Verbindung gebracht. Dies widersprach aber der ursprünglichen amerikanischen Sichtweise, die nicht auf bestimmte Industrien oder Branchen beschränkt war. Der andere Grund für diese begriffliche Unterscheidung lag in der stärkeren Rolle der öffentlichen Hand als Venture Capital-Investor in Europa. Während der amerikanische Staat nur in sehr beschränktem Umfang, z.B. im Rahmen der Regionalförderung, als Investor engagiert war, übernahmen öffentliche europäische Institutionen von Anfang

---

12 Vgl. Eichborn (1961), S. 1019.
13 Eine weiterführende Differenzierung der Begriffe Wagniskapital, Risikokapital und Venture Capital findet sich bei Schween (1996), S.14ff. Für den Zweck dieser Arbeit ist eine differenziertere Betrachtung dieser Begriffe nicht notwendig, daher werden sie hier synonym verwendet.

an eine wesentlich größere Rolle. Dies führte zur Einführung der dichotomen Unterscheidung von Public Equity und Private Equity.[14] Public Equity meint dann im Gegensatz zu Private Equity die Finanzierung junger Unternehmen durch staatliche Stellen, wie z.b. Wirtschaftsministerien, Regionalförderungsgesellschaften, oder Banken und Sparkassen, wohingegen der Begriff Venture Capital in den USA nicht danach unterscheidet, ob das investierte Kapital aus privater oder öffentlicher Hand kommt.

Eine hierzulande bis heute weit verbreitete, aus dem amerikanischen Sprachraum abgeleitete Definition[15] des Begriffs liefern Albach et al. (1986):

„(1) Venture Capital Unternehmen stellen Beteiligungskapital oder beteiligungsähnliches Kapital für wachstumsträchtige junge sowie kleine und mittlere Unternehmen zur Verfügung.

(2) Venture Capital Finanzierungen bestehen nicht nur in der Bereitstellung von Finanzierungsmitteln, mit ihnen untrennbar verbunden ist die Bereitstellung von Managementunterstützung für die Beteiligungsunternehmen.

(3) Venture Capital Unternehmen sind Investoren mit langfristiger Perspektive, die ihre Rendite durch Kapitalgewinne erzielen." (Albach et al 1986, S. 166)

Aus dieser Definition werden schnell die wesentlichen Unterschiede der Venture Capital-Finanzierung gegenüber anderen Formen der Eigenkapitalfinanzierung deutlich. Zunächst wird die Menge möglicher Finanzierungsmittel auf beteiligungsähnliches Kapital, z.B. Genussscheine oder Wandelanleihen, ausgedehnt, was eine differenziertere Gestaltung der Finanzierungsverträge ermöglicht. Zum zweiten versuchen die Investoren nicht, ihren finanziellen Gewinn aus der Investition über Zinsen oder Dividenden, sondern durch langfristige Entwicklung des Unternehmens mit anschließendem Verkauf ihrer Anteile z.B. an die Börse oder andere industrielle Investoren, zu erzielen. Der wesentliche Unterschied besteht aber darin, dass der Venture Capital-Geber dem jungen Unternehmen nicht nur mit Kapital, sondern insbesondere auch mit Beratungs- und Betreuungsleistungen zur Seite steht.[16]

Gerade diese letzte Eigenschaft lässt Venture Capital als besonders geeignet für junge, wachstumsträchtige Unternehmen erscheinen. Diese Unternehmen verfügen, wie

---

[14] Vgl. zu dieser Differenzierung auch Anslow (1992), S. 2f.

[15] Vgl. Fast (1982), S. 289.

[16] So nennen Amit et al. (1990), S. 103, „time, talent, and treasure" als die wesentlichen Bestandteile einer Venture Capital-Finanzierung. Eine detaillierte Auseinandersetzung mit der Beratungs- und Betreuungsleistung des Venture Capital-Gebers erfolgt in Abschnitt 2.3.3.

bereits geschildert, meist über ein großes Maß an Idealismus und innovativer Kreativität, jedoch mangelt es ihnen an den entsprechenden Ressourcen zur Realisierung ihrer Idee. Mittels Venture Capital können sie sich die entsprechenden Quellen erschließen, sowohl im Hinblick auf finanzielle als auch immaterielle Unterstützung. Der folgende Abschnitt versucht nun, das Phänomen Venture Capital eingehend zu beschreiben.

2.3 Beschreibung des Phänomens Venture Capital

Der Begriff des Venture Capital als spezielle Form der Eigenkapitalfinanzierung ist schon seit jeher mit der Finanzierung und Betreuung junger Startup-Unternehmen in wachstumsstarken Industrien verbunden.[17] Allerdings hat sich, wie bereits erwähnt, kein einheitliches Begriffsverständnis herausgebildet. Daher erscheint es sinnvoll, sich dem Phänomen Venture Capital vor allem dadurch zu nähern, indem seine praktischen Ausprägungsformen dargestellt und diskutiert werden. Entsprechend diesem Vorgehen sollen zunächst die Strukturen des Marktes für Venture Capital-Finanzierungen erläutert werden. Daran anschließend werden die verschiedenen Entwicklungsstufen junger Unternehmen mit dem jeweiligen Kapitalbedarf in Verbindung gebracht, um abschließend das Geschäftsmodell von Venture Capital-Gesellschaften in seiner Grundstruktur zu diskutieren.

2.3.1 Strukturen des Venture Capital-Marktes

Der Markt für Venture Capital als Teil des Private Equity-Marktes lässt sich grob in zwei unterschiedliche Segmente gliedern: den *informellen* und den *formellen* Venture Capital-Markt.

(1) Den *informellen Venture Capital-Markt* kann man als den Ursprung der Wagnisfinanzierung bezeichnen. Reiche Familien wie die Vanderbilts oder Rockefellers, aber auch wohlhabende Anwälte, Ärzte oder Unternehmer haben in den USA schon Ende des 19. Jahrhunderts nach Möglichkeiten gesucht, ihr Vermögen in attraktive, junge Unternehmen zu investieren. Prominente Beispiele für solche Investitionen sind Firmen wie IBM, McDonnell-Douglas oder Bell (die spätere AT&T).[18]

---

17 Vgl. Ringlstetter/Oelert (2001), S. 30ff.

18 Vgl. Gompers (1993), S. 5ff., oder Schween (1996), S. 25f. Andere Autoren (vgl. Wyss 1991, S. 14) gehen in der Geschichte noch weiter zurück und erachten die Finanzierung der Expedi-

Die Motive dieser so genannten ‚Business Angels' lagen anfangs weniger in der Erwartung einer überdurchschnittlichen Rendite, als vielmehr in der Förderung der öffentlichen Wohlfahrt. Zwar wurden nur solche Ideen unterstützt, die eine ansprechende Rendite erwarten ließen, dennoch dominierte meist der Gedanke der Wohltätigkeit im Dienste der Öffentlichkeit. Diese Investoren waren zumeist altruistisch motiviert, ihr Ziel war es, der Gesellschaft einen Teil des durch sie erlangten Wohlstandes wieder zurückzugeben. Auch hedonistische Motive, d.h. Spaß daran, das selbst geschaffene Vermögen jungen, kreativen Unternehmern zur Verfügung zu stellen, um gemeinsam mit diesen an der Realisierung ihrer Idee zu arbeiten, lagen oft vor.[19] Diese Investoren reizte nicht eine Vergrößerung des eigenen Vermögens, sondern die Realisierung neuer Produkte oder Dienstleistungen am Markt. Auch bei heutigen Angel Investoren spielt diese altruistische Einstellung noch eine Rolle, das Interesse am finanziellen Gewinn ist aber deutlich stärker geworden.[20] Neben finanzieller Unterstützung bringen diese Investoren oftmals auch Branchen- oder Managementerfahrung aus ihrer eigenen Unternehmer-Tätigkeit mit und können dem Unternehmer mit ihrem privaten Netzwerk von professionellen Kontakten zu Anwälten oder Steuerberatern, aber auch Verbindungen zu potentiellen Kunden eine entscheidende Starthilfe gewähren. Dabei ist es durchaus üblich, dass sich mehrere, oft auch befreundete Angels zur Finanzierung eines Unternehmens zusammenschließen bzw. syndizieren.

Im Vergleich zum formellen Venture Capital-Markt ist der informelle Markt heute relativ klein. So betrug der Anteil des von privaten Investoren aufgebrachten Kapitals für den europäischen Raum im Jahr 2001 nur 5,6 Prozent.[21] Gleichzeitig ist dieser Markt stark fragmentiert und aufgrund der Notwendigkeit direkter und enger Beziehungen zwischen Investor und finanziertem Unternehmen vornehmlich regional beschränkt. Dies führt zu einem Markt, der stark ineffizient und nur sehr schwer zu überschauen ist.

---

tion von Christopher Columbus durch die spanische Königin Isabella im Jahr 1492 als ein erstes Beispiel dieser Form der Finanzierung solcher riskanten Unterfangen.

[19]   Gemäß einer empirischen Studie von Sullivan/Miller (1996), S. 31, waren 71 Prozent der Investoren selbst in der Vergangenheit aktive Unternehmer.

[20]   Vgl. Perez (1986), S. 29ff., oder Prowse (1998). In einer umfangreichen empirischen Studie haben Sullivan/Miller (1996) ökonomische, hedonistische und altruistische Motive als wesentliche Triebfedern heutiger Business Angels identifiziert.

[21]   Vgl. auch BVK (2002), S. 12.

Dennoch fällt den Angel Investoren im Venture Capital-Markt eine nicht zu vernach-
lässigende Rolle zu. Dann nämlich, wenn ein Unternehmer erstes Startkapital benötigt, um ein grobes Geschäftskonzept (Business Plan) für das zu gründende Unternehmen zu entwickeln, wird dies oft nicht vom formellen, sondern dem informellen
Venture Capital-Markt in Form des so genannten ‚Seed Capital‘[22] bereitgestellt. In
diesem Segment spielen private Investoren eine wesentliche Rolle.

(2) Auch im *formellen Venture Capital-Markt* können Privatpersonen als Kapitalgeber teilnehmen. Das konstitutive Merkmal des formellen bzw. professionellen Venture Capital-Marktes ist aber die Existenz von so genannten Venture Capital-Fonds
oder Beteiligungsgesellschaften, deren wesentliche Funktion in der Intermediation
zwischen Venture Capital-Geber und -Nehmer liegt. Die Intermediationsfunktion eines solchen Fonds ermöglicht eine verbesserte Losgrößen-, Fristen- oder Risikotrans-
formation zwischen Kapitalgeber und -empfänger, und bewirkt dadurch eine wesentliche Erweiterung des Anlegerkreises und eine effizientere Verteilung der Mittel.
Dieser Markt ist im Vergleich zum informellen Markt aufgrund des hohen Grades der
Professionalisierung der Beteiligten vergleichsweise effizient und gut organisiert.

Erste historische Beispiele für die Finanzierung riskanter Vorhaben unter Zuhilfenahme spezieller Intermediäre zur Risikokapitalfinanzierung finden sich schon im
Europa des 19. Jahrhunderts, z.B. in Gestalt der Gründung der belgischen ‚Société
Générale des Pays-Bas‘ im Jahr 1822 oder der Finanzierung des Baus eines 16 km
langen Alpen-Tunnels durch die Schweizer Escher und Favre Mitte des 19. Jahrhunderts.[23] Der entscheidende Schritt zur Entstehung einer professionellen Venture Capital-Industrie, wie wir sie heute kennen, war 1946 die Gründung der ‚American Research and Development Corporation‘ (ARD) durch eine größere Zahl von Wissen-
schaftlern der Harvard University. Dies war der erste Versuch einer professionellen
und systematischen Bereitstellung von Risikokapital durch einen eigens hierfür gegründeten Intermediär. Der entscheidende Durchbruch für diese Gesellschaft, und damit auch für dieses damals doch noch relativ unbekannte Konzept der Finanzierung
riskanter Projekte war die Investition von 70.000 US-$ für einen 77-prozentigen An-
teil an der ‚Digital Equipment Corporation‘ (DEC) 1957. Nur 14 Jahre nach dieser
Investition war dieser Anteil infolge einer erfolgreichen Börsenplatzierung bereits
355 Mio. US-$ wert.[24] Angetrieben durch diese Erfolgsgeschichte und begleitet von

---

[22]   Vgl. auch Abschnitt 2.3.2.
[23]   Vgl. Wyss (1991), S. 16f.
[24]   Vgl. Gompers (1993), S. 8.

Verbesserungen der gesetzlichen Rahmenbedingungen nahm die Größe und damit auch die Bedeutung des Marktes für Venture Capital bis heute immer weiter zu.[25]

Die heute dominierende Gesellschaftsstruktur des formellen Venture Capital-Marktes sind so genannte Venture Capital-Fonds bzw. -Gesellschaften (siehe Abbildung 2-1).[26] Die im deutschen Rechtsraum häufigste Form einer solchen Gesellschaft ist die GmbH bzw. GmbH & Co. KG. Aber auch die UBG (Unternehmensbeteiligungsgesellschaft), die mit der Verabschiedung des Gesetzes über Unternehmensbeteiligungsgesellschaften im Jahr 1987 ermöglicht wurden, findet breite Anwendung.[27] Der Fonds ermöglicht als Intermediär das Zusammenführen von Kapital aus verschiedensten Quellen, um es dann in lukrative Unternehmen zu investieren.

Die Gründung eines solchen Fonds wird in der Regel von einer kleinen Gruppe von Venture Capital-Unternehmern initiiert und gesteuert, die auch gleichzeitig bestimmte Gestaltungsparameter wie Größe oder Laufzeit des Fonds festlegen. Die bedeutendste Stellgröße bei der Schaffung eines Fonds ist aber der Branchen-, Industrie- oder Regionalfokus, der den Investitionsschwerpunkt des Fonds festlegt. Grundsätzlich können diese Fonds offen, d.h. die Investoren können ihre Anteile jederzeit an den Fonds zurückgeben, oder geschlossen konzipiert sein, d.h. die Investoren erhalten ihr Kapital erst bei Auflösung des Fonds nach der vereinbarten Laufzeit zurück.

Gleichzeitig mit der Schaffung des Fonds übernimmt eine Management-Gesellschaft die Steuerung der Geschäftsaktivitäten dieses Fonds, insbesondere Investitionsentscheidungen und Betreuung der Portfoliounternehmen (in Abbildung 2-1 mit PU abgekürzt). Oftmals sind die Personen des Gründerkreises des Fonds mit denen der Management-Gesellschaft identisch, jedoch ist dies nicht zwingend notwendig. Die Management-Gesellschaft erhält für ihre Betreuungsleistung eine jährlich zu zahlende ‚*Management Charge*' in der Höhe von in aller Regel 2,5 Prozent des betreuten

---

[25] Die zwei bedeutendsten Verbesserungen waren zum einen die staatliche Förderung so genannter ‚Small Business Investment Companies' (SBIC) seit 1958, zum anderen aber vor allem die ‚prudent man'-Regelung von 1979, die es amerikanischen Pensionsfonds gestattete, bis zu fünf Prozent ihres Vermögens in riskante Anlagen, also auch Venture Capital-Fonds, zu investieren (vgl. hierzu auch Gompers 1993, S. 11ff.).

[26] Neben diesem fondsorientierten Ansatz identifiziert beispielsweise Schefczyk (1998), S. 20ff., auch das projektorientierte Modell, bei dem die Beteiligungsgesellschaft speziell für den Zweck der Investition in bestimmte, bereits vorher ausgewählte Unternehmen, begründet wird.

[27] Für eine umfassende Diskussion geeigneter Rechtsformen für deutsche Venture Capital-Fonds vgl. EVCA (1994), S. 29ff.

Fondsvolumens.[28] Die Fonds-Gründer erhalten einen so genannten ‚Carried Interest',
d.h. eine kumulierte Verzinsung in Höhe von bis zu 20 Prozent des Netto-Gewinns
des Fonds. Jedoch wird dieser Carried Interest meist erst am Ende der Laufzeit des
Fonds ausgezahlt, nachdem die Investoren ihr investiertes Kapital plus einer vereinbarten Mindestverzinsung erhalten haben. Es ist aber in vielen Fällen so, dass die
durch den Fonds erwirtschafteten Gewinne die vereinbarte Mindestverzinsung für die
Investoren weit übersteigen, somit der Gewinn für die Investoren auch bedeutend hö-
her sein kann. Diese Vereinbarung dient insofern vor allem dem Schutz der Investoren, da ein wenig rentabler Fonds für die Gründer zur Folge hätte, dass sie den Ka-
pitalgebern die versprochene Mindestverzinsung auszahlen müssen, ihr eigener Gewinn als Residualgröße jedoch kleiner ausfallen würde.

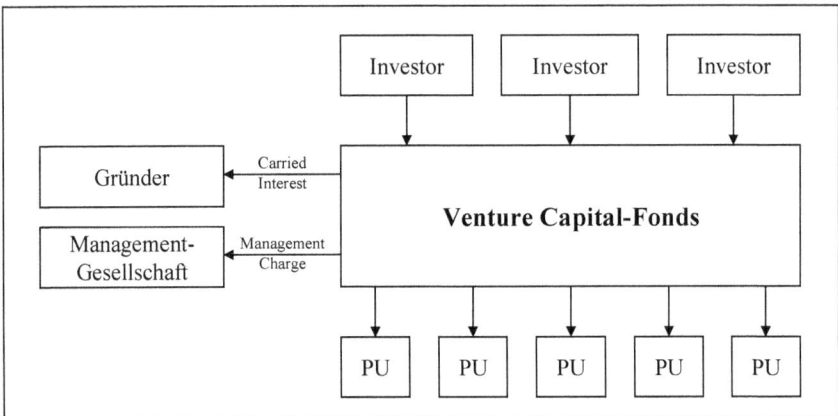

Abb. 2-1:   Struktur eines Venture Capital-Fonds

Die Motive der Beteiligten, insbesondere der Gründer, Manager und Investoren, sind
vor allem monetärer Natur. Zwar ist bei den Gründern oder Managern nicht auszu-
schließen, dass hier analog zu den Angel-Investoren auch altruistische oder hedonistische Beweggründe eine Rolle spielen, jedoch muss man davon ausgehen, dass aufgrund des hohen Professionalisierungsgrades der Branche attraktive Verdienstmög-
lichkeiten die hauptsächliche Triebfeder für ein Engagement sowohl von Seiten der

---

28   Eine Aufstellung über die von verschiedenen amerikanischen Management-Gesellschaften er-
      hobenen Gebühren findet sich beispielsweise in Silver (1985), S. 20.

Investoren als auch der Manager und Gründer sind.[29] Allerdings gibt es durchaus auch Investoren, für die andere Ziele jenseits eines rein finanziellen Gewinns aus der Venture Capital-Investition im Vordergrund stehen. Hierzu gehören insbesondere staatliche oder staatlich geförderte Gesellschaften, die vornehmlich dem politischen Zweck der Regional- oder Branchenförderung dienen, und industrielle Investoren, die sich auf diesem Weg einen Einblick in neue technologische Entwicklungen sichern wollen.

Neu investierte VC-Mittel in Mio. €	1997				2001				2002	
	Deutschland		Europa		Deutschland		Europa		Deutschland	
	Mio. €	%	Mio. €	%	Mio. €	%	Mio. €	%	Mio. €	%
Kreditinstitute	1,50	58,11	5,15	25,75	1.817,96	17,63	8.735,02	22,86	793,62	21,63
Versicherungen	0,29	11,34	3,29	16,45	1.747,20	16,94	4.622,41	12,09	508,10	13,85
Pensionsfonds	0,30	11,67	4,99	24,97	2.889,00	28,01	9.776,20	25,58	1.434,50	39,09
Industrie	**0,19**	**7,45**	**2,26**	**11,29**	**932,01**	**9,04**	**2.154,16**	**5,64**	**128,43**	**3,50**
Private Anleger	0,14	5,63	0,80	4,01	1.197,17	11,61	2.428,03	6,35	96,13	2,62
Öffentlicher Sektor	0,12	4,49	0,45	2,23	587,37	5,70	2.190,77	5,73	389,54	10,62
Akademische Institutionen	-	-	0,15	0,73	30,00	0,29	744,79	1,95	-	-
Kapitalerträge für Reinvestitionen	-	-	1,37	6,85	4,40	0,04	1.802,12	4,72	46,94	1,28
Fonds in Fonds	-	-	-	-	1.093,54	10,60	4.268,33	11,17	214,00	5,83
Kapitalmarkt	-	-	-	-	-	-	198,24	0,52	0,30	0,01
Sonstige	0,03	1,31	1,54	7,72	14,74	0,14	1.298,70	3,40	57,97	1,58
Summe Neue Fondsmittel	**2,57**	**100,00**	**20,00**	**100,00**	**10.313,39**	**100,00**	**38.218,77**	**100,00**	**3.669,53**	**100,00**

Abb. 2-2:   Quellen für Risikokapital[30]

Wie aus Abbildung 2-2 sichtbar wird, ist das Spektrum der Investoren auf dem europäischen Venture Capital-Markt recht breit gefächert. Die größten Quellen für Risikokapital sind, wie in Europa zu erwarten, Banken und Pensionsfonds bzw. Rentenkassen. Allerdings sind auch industrielle Investoren, so genannte ‚Corporate Investors', von nicht zu vernachlässigender Bedeutung. Dabei ist auch zu bemerken, wie insbesondere während der ‚Internet-Blase' Industrieunternehmen gegenüber kapitalmarktorientieren Venture Capital-Investoren wie Kreditinstituten, Versicherungen und Private Equity-Unternehmen deutlich Marktanteile abgeben mussten.

2.3.2 Phasen der Unternehmensentwicklung und Stufenfinanzierung

Der Kapitalbedarf eines Unternehmens richtet sich maßgeblich nach der Entwicklungsstufe, in der es sich befindet.[31] Entsprechend der Entwicklung dieses Unterneh-

---

29 Vgl. Perez (1986), S. 38ff.
30 Vgl. EVCA (1998), S. 95, BVK (2002), S. 12, BVK (2003), S. 12.
31 Vgl. Nathusius (1979a), S. 103ff., für eine ausführliche Diskussion verschiedener Modelle des Unternehmenslebenszyklus und deren Bedeutung für das Venture-Management.

menslebenszyklus ist auch die Venture Capital-Finanzierung in mehrere so genannte *Finanzierungsrunden* unterteilt. Eine solche Stufenfinanzierung junger Unternehmen durch Venture Capital-Gesellschaften hat verschiedene Gründe:[32]

Eine erste Ursache für dieses Vorgehen professioneller Venture Capital-Gesellschaften liegt darin begründet, dass das finanzierte Unternehmen *je nach Entwicklungsstufe einen unterschiedlich hohen Kapitalbedarf* hat, der sich auch je nach Finanzierungsanlass in der vertraglichen Gestaltung zwischen Portfoliounternehmen und Venture Capital-Geber unterscheiden kann. Anfangs, wenn der Unternehmer nur von einer vagen Idee getrieben ist, benötigt er Kapital, um seine Idee zu konkretisieren oder um einen Prototyp zu entwickeln. Hier ist der Kapitalbedarf sicherlich weitaus geringer als bei der späteren Finanzierung einer Erschließung internationaler Märkte oder eines bevorstehenden Börsengangs. Auch ist der letztendliche Kapitalbedarf des Unternehmers zu Anfang noch in keinster Weise abschätzbar. Eine verfrühte Bereitstellung einer zu großen Menge an Kapital unterminiert möglicherweise die Disziplin, welche ein künstlich herbeigeführter, permanenter Kapitalmangel erzeugt. Eine solche Disziplin ist aber für das erfolgreiche Gedeihen junger Unternehmen von hoher Bedeutung.[33]

Eine zweite Begründung knüpft an die oben genannte Schwierigkeit der frühzeitigen Abschätzung von Qualität und Erfolgspotential von Idee und Unternehmerpersönlichkeit an. Es ist leicht vorstellbar, dass eine anfänglich Erfolg versprechende Produktidee sich später als technisch nicht realisierbar oder die prognostizierte Nachfrage sich als zu gering herausstellt, oder dass der Unternehmer die in ihn gesetzten Erwartungen nicht erfüllen kann. Durch eine stufenweise Finanzierung kann der Kapitalgeber sein *maximales Verlustrisiko stets auf den bisher investierten Betrag beschränken*, indem er durch dieses Vorgehen zu Beginn jeder neuen Finanzierungsrunde die Förderungswürdigkeit des Projekts erneut bewerten kann und muss. Dies wird insbesondere dadurch gewährleistet, dass der Unternehmer in jeder neuen Finanzierungsrunde den Zielerreichungsgrad vereinbarter Meilensteine darlegen und damit stets aufs Neue die Notwendigkeit und Erfolgsaussichten einer weiteren Investition begründen muss. Dadurch erwächst dem Venture Capital-Geber eine wertvolle strategische Steuerungsmöglichkeit, da der Unternehmer weiß, dass er nur dann wei-

[32]   Vgl. hierzu auch Gompers (1993), S. 83ff., oder Cornelli/Yosha (1997).
[33]   Vgl. Clayton et al. (1999).

tere, für ihn dringend notwendige Finanzierungen erhält, wenn er die in der vorherigen Runde festgesetzten Meilensteine erreicht.[34]

Eine letzte Begründung schließlich setzt direkt an der Beziehung zwischen Venture Capital-Geber und Unternehmer an. Diese Beziehung kann als klassisches *Principal-Agent-Problem* bezeichnet werden, da der Unternehmer über private Informationen bezüglich des aktuellen Status und des Erfolgspotentials seines Unternehmens verfügt, die dem Venture Capital-Geber nicht zugänglich sind.[35] So hat der Unternehmer im Gegensatz zum Venture Capital-Geber wegen des ihm daraus erwachsenden privaten finanziellen Vorteils beispielsweise ein Interesse an der Fortführung des Unternehmens, von dem er selbst möglicherweise weiß, dass es nicht den erwarteten Erfolg haben wird. Gompers (1993), S. 63f., hat eine deutlich positive Korrelation zwischen der Höhe des in einer Finanzierungsrunde aufgebrachten Kapitals und der Intensität der Überwachung des Unternehmers durch den Venture Capital-Geber festgestellt. Daraus leitet er die Erkenntnis ab, dass die Höhe des geforderten Kapitals und die Länge des Zeitraums zwischen zwei Finanzierungsrunden dem Venture Capital-Geber als Signal dienen, an dem er seine eigenen Kontroll- und Überwachungsaktivitäten ausrichten kann. Durch die Verwendung geeigneter Finanzierungsinstrumente[36] kann der Venture Capital-Geber dem Problem des *‚Window Dressing'* seitens des Kapitalempfängers, d.h. der kurzfristigen Maximierung des Unternehmenswertes zur Erlangung einer weiteren Finanzierungsrunde durch den Unternehmer, entgegentreten und dafür sorgen, dass der Unternehmer ebenso wie der Kapitalgeber an einem langfristigen Wachstum interessiert ist und beide gleichmäßig davon profitieren. Damit wird von Seiten des Venture Capital-Gebers der Versuch unternommen, die bestehenden Informationsasymmetrien zu beheben.

Betrachtet man die Versuche verschiedener Autoren zur Entwicklung eines umfassenden Phasenmodells, so fällt zunächst auf, dass sich diese Ansätze zum Teil in

---

[34] Andere Möglichkeiten der Risikoreduktion für Venture Capital-Gesellschaften sind Syndikation und die Verwendung anreizkompatibler Finanzierungsinstrumente. Unter Syndikation versteht man die gemeinsame Finanzierung eines Unternehmens in einer Runde durch mehrere Venture Capital-Fonds. Dadurch erreichen die Fonds eine Verteilung des Ausfallrisikos auf alle beteiligten Kapitalgeber. Vgl. hierzu auch im Detail Gompers (1992).

[35] Zu einer detaillierten agency-theoretischen Diskussion der Beziehung zwischen Unternehmer und Venture Capitalist vgl. Amit et al. (1990).

[36] Damit ist vor allem die Nutzung von ‚convertible debt' oder ‚convertible preferred equity' durch den Venture Capital-Geber angesprochen (vgl. Cornelli/Yosha 1997). Zu einer lehrbuchartigen Darstellung dieser Finanzierungsinstrumente vgl. Brealey/Myers (1996), S. 352ff.

Aufbau oder Abfolge bzw. im Inhalt der einzelnen Stufen mehr oder minder stark unterscheiden. Allen gemeinsam ist jedoch eine grobe *Einteilung in die drei folgenden Phasen*:[37]

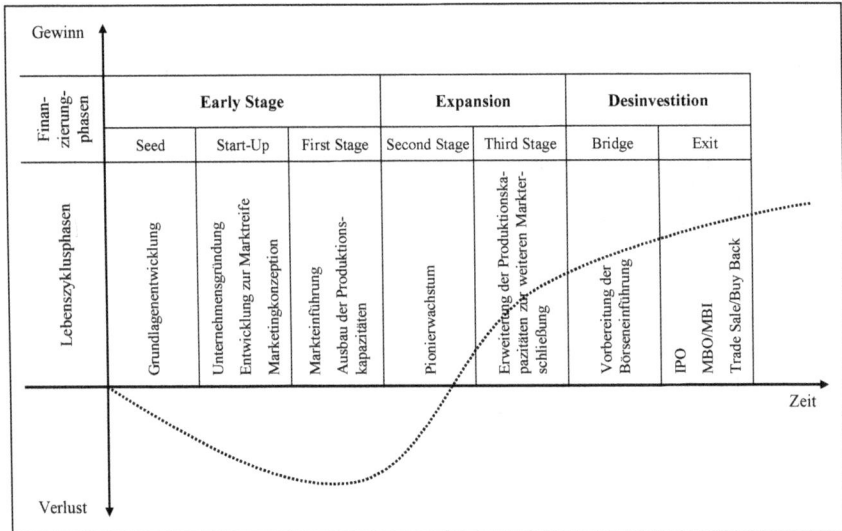

Abb. 2-3:   Stufen der Venture Capital-Finanzierung (Quelle: in Anlehnung an Merkle 1984, S. 1061)

(1) In der ersten Phase, dem *Early Stage Financing*, werden die wesentlichen Voraussetzungen für ein erfolgreiches Unternehmen geschaffen. Sie unterteilt sich in drei Stufen. *Seed Investments*, die meist nur einen sehr begrenzten Umfang haben, dienen dazu, dem Unternehmer die Möglichkeit zu geben, seine Produktidee zu konkretisieren und möglicherweise einen Prototyp zu konstruieren, um das Erfolgspotential seiner Idee genauer bestimmen zu können. Quellen für dieses Kapital sind zwar auch Venture Capital-Fonds, meist sind es aber eigene Ersparnisse, Freunde, oder auch Business Angels. Aufgabe der *Startup Investments* ist es, die Strukturen für eine erfolgreiche Umsetzung der Idee zu schaffen. Neben der Gründung des Unternehmens und der Akquirierung eines entsprechenden Management-Teams wird hier vor allem das Produkt schrittweise zur Marktreife entwickelt und erstes Test-Marketing mit

---

[37]   Die folgende Darstellung der einzelnen Finanzierungsstufen folgt im wesentlichen der von Merkle (1984), S. 1060f., und Gompers (1993), S. 101ff.

ausgewählten Kunden unternommen. Mit Hilfe der *First Stage Investments* wird schließlich das Unternehmen mit seinem Produkt am Markt eingeführt, sofern Marktstudien das notwendige Potential signalisieren. In dieser Phase wird das Kapital vor allem dafür benötigt, Produktionskapazitäten aufzubauen und ein entsprechendes Vertriebsnetz zu entwickeln. In aller Regel kann nicht davon ausgegangen werden, dass Unternehmen in dieser Early Stage-Phase bereits positive Erträge oder Cashflows generieren. Daher ergibt sich selbst für Unternehmen, die sich bis zu diesem Punkt gehalten und bewährt haben, die Notwendigkeit weiterer Finanzierungsrunden.

(2) Die zweite Phase, das *Expansion Financing*, ist von einer zunehmenden Etablierung des Unternehmens und seiner Produkte im Markt gekennzeichnet, und wird im Allgemeinen in zwei Stufen unterteilt.[38] Die *Second Stage Investments* dienen vor allem dazu, die Kapazitäten des Unternehmens dem steigenden Bedarf anzupassen, die Lieferqualität durch Erhöhung der Bestände zu verbessern, das Vertriebs- und Servicenetz weiter auszubauen oder zur Überbrückung von Finanzlücken aufgrund offener Forderungen. Dank einer genügend große Zahl bereits ausgelieferter Produkte verfügt das Unternehmen über ein inhaltlich aussagekräftigeres Feedback seitens des Marktes und kann sich entsprechend für die Zukunft besser an den Bedürfnissen der Kunden ausrichten. All dies dient der Vorbereitung einer immer stärker werdenden Durchdringung des Marktes. Unternehmen der sich daran anschließenden Stufe sind meist durch rapides Wachstum gekennzeichnet, oftmals werden auch schon erste Verbindungen in ausländische Märkte geknüpft. Der interne Cashflow ist aber meist noch nicht in der Lage, die notwendigen Mittel für eine weitere Expansion aufzubringen. Aufgabe der *Third Stage Investments* ist es demnach dann, Kapital für einen weiteren Ausbau der Kapazitäten, insbesondere für Fertigungsanlagen und Mitarbeiter, oder auch für Produktverbesserungen und -differenzierungen bereitzustellen. Banken können auf dieser Stufe möglicherweise bereits gewillt sein, einen Teil der Finanzierung durch Überlassung von Fremdkapital in Form von Krediten zu übernehmen, sofern das Unternehmen über ausreichende Sicherheiten in der Gestalt von Anlagen oder auch regelmäßiger Forderungseingänge verfügt. In dieser Expansions-Phase können Unternehmen die Gewinnschwelle durchaus schon übertreten, obgleich die mittler-

---

[38] Einige amerikanische Autoren wie Gompers (1993) oder Sahlman (1990) unterteilen diese zweite Phase dagegen in drei Stufen, indem sie den zwei genannten durch so genannte ‚fourth stage investments' ergänzen. Diese unterscheidet sich jedoch von den oben beschriebenen third stage investments inhaltlich nur dadurch, dass im Markt ein höherer Sättigungsgrad erreicht wird und die Bedeutung der Banken bei der Finanzierung des Unternehmens an Bedeutung gewinnt.

weile erwirtschafteten Finanzmittel in der Regel für die in der Zukunft anstehenden Aufgaben noch nicht ausreichend sind.

(3) Die letzte Phase ist mit dem Begriff *Desinvestment* bezeichnet. In dieser Phase geht es vor allem darum, den Rückfluss der investierten Mittel an den oder die Venture Capital-Geber vorzubereiten und schlussendlich auch durchzuführen. *Bridge Investments* werden vor allem für Kapitalerhöhungen und dafür anfallende Aufwendungen zur Vorbereitung eines Börsengangs benötigt. Zum einen verbessert eine stärkere Finanzkraft die Chancen einer erfolgreichen Börsenplatzierung, zum anderen werden Mittel zur weiteren Expansion und Weiterentwicklung der Produktpalette bereitgestellt. Die Rückgewinnung des investierten Kapitals des Venture Capital-Gebers erfolgt dann in der abschließenden letzten Stufe, dem *Exit*. Hierfür stehen dem Unternehmen verschiedene so genannte Exit-Kanäle zur Verfügung. Bei günstiger Börsenlage wird meist ein ‚*Initial Public Offering*' (IPO = öffentliche Erstplatzierung an einer Börse) durchgeführt, da dieser Weg für die Anteilseigner, d.h. sowohl den Venture Capital-Geber als auch den Unternehmer, die maximale Rendite auf das investierte Kapital verspricht.[39] Andere Möglichkeiten sind der Verkauf der Anteile der Venture Capital-Gesellschaft an ein anderes Unternehmen (‚*Trade Sale*'), an die Altgesellschafter (‚*Buy Back*') oder an die Manager des Portfoliounternehmens (‚*Management Buy-Out*'). Eine letzte Möglichkeit schließlich ist der Erwerb der Anteile durch eine Gruppe externer Manager, die dadurch die Herrschaft über das Unternehmen erlangen und das alte Management ersetzen (‚*Management Buy-In*').

Natürlich darf nicht angenommen werden, dass alle mittels Venture Capital finanzierten Unternehmen in gleicher Weise sämtliche der oben genannten Stufen durchlaufen. Der hier skizzierte Phasenverlauf und die damit verbundene Stufenfinanzierung stellen vielmehr den idealtypischen Verlauf einer solchen Finanzierung dar, der sich im Einzelfall durchaus sehr unterschiedlich gestalten kann. So ist es denkbar, dass ein ungewöhnlich erfolgreiches Unternehmen schon nach erfolgter First Stage-Finanzierung an die Börse gebracht oder im Zuge eines Trade Sale an ein anderes Unternehmen verkauft wird. Auch ist der zeitliche Abstand zwischen der ersten Finanzierungsrunde durch einen Venture Capital-Geber und der Desinvestition der Anteile über einen geeigneten Exit-Kanal sehr unterschiedlich. So zeigte beispielsweise Gompers (1993), S. 136ff., dass dieser Zeitraum in den USA in der Zeit von 1978 bis 1987 von

---

[39]   Zu einer Diskussion weiterer Vorteile des IPO als Exit-Strategie gegenüber anderen Strategien vgl. Perez (1986), S. 142. Eine ausführliche Beschreibung des Vorgehens bei Startup-IPOs findet sich bei Pfender/Pölert (2001).

über acht auf gerade mal etwas mehr als fünf Jahre abgenommen hat, Einzelwerte jedoch stark um diesen Mittelwert streuen können. So betrug in der betrachteten Stichprobe der kürzeste Zeitraum zwischen erster Finanzierung und Exit nur ein Jahr, der längste über zehn Jahre.

Auch gibt es Venture Capital-Fonds, die sich auf die Finanzierung nur einzelner Stufen spezialisiert haben. Während *Foundation Venture Capital-Gesellschaften* die Finanzierung junger, schnell wachsender Unternehmen von Beginn an unternehmen, beschränken sich *Merchant Venture Capital-Gesellschaften* auf die Finanzierung reifer Unternehmen zur Unterstützung einer weiteren Expansion, zur Vorbereitung eines Börsengangs oder zur Restrukturierung durch Management Buy-Out oder Management Buy-In.[40]

2.3.3 Wertschöpfungskette einer Venture Capital-Gesellschaft

Unabhängig von den Entwicklungsphasen der einzelnen, von einer Venture Capital-Gesellschaft finanzierten Portfoliounternehmen, lässt sich der Prozess bzw. das Geschäftsmodell der Venture Capital-Finanzierung im Wesentlichen in vier aufeinander folgende Phasen unterteilen.[41] Zemke (1998), S. 18, bezeichnet dieses Modell auch als die „Wertschöpfungskette von Beteiligungsgesellschaften". Diese an Porter (1986) angelehnte Vorstellung geht davon aus, dass jede einzelne Stufe innerhalb dieser Wertschöpfungskette für die Venture Capital-Gesellschaft einen strategischen Hebel repräsentiert, über den sie sich von ihrer Konkurrenz fundamental differenzieren kann und somit in der Lage ist, einen möglichen Wettbewerbsvorteil zu erlangen.[42]

(1) In der *Kapitalsammelphase* müssen zunächst die rechtlichen Strukturen, d.h. Venture Capital-Fonds und die betreuende Management-Gesellschaft, geschaffen werden (*,Fund Formation'*), um dann im Rahmen der anschließenden Akquisition des für Beteiligungsinvestitionen benötigten Kapitals (*,Fund Raising'*) interessierte Investoren anzusprechen. Wichtig für den erfolgreichen Abschluss dieser Phase sind zum einen eine klare strategische Ausrichtung des Fonds in Bezug auf Art der Unternehmen, in die investiert werden soll im Hinblick auf Land, Branche und Entwicklungs-

[40] Vgl. Bell (1999), S. 53.
[41] Für das folgende vgl. auch Albach et al. (1986), S. 168ff., Silver (1985), oder Sanktjohanser/Höllmüller (2001), S. 288ff.
[42] Einen ähnlichen Vorschlag machen auch Sankjohanser/Höllmüller (2001), S. 281ff.

stufe, zum anderen die Zusammenstellung eines hochwertigen Management-Teams, dessen Erfahrung und Ruf aus vergangenen Engagements (sprich: Track Record) den Investoren die Erfolgschancen dieses neuen Venture Capital-Fonds und somit ihrer Investitionen signalisieren soll.[43] Je nachdem, ob der Fonds geschlossen oder offen konzipiert ist, wird entweder zuerst das gesamte veranschlagte Kapital akquiriert, bevor investiert wird, oder aber Akquisitions- und Investitionsphase laufen mehr oder minder parallel ab.

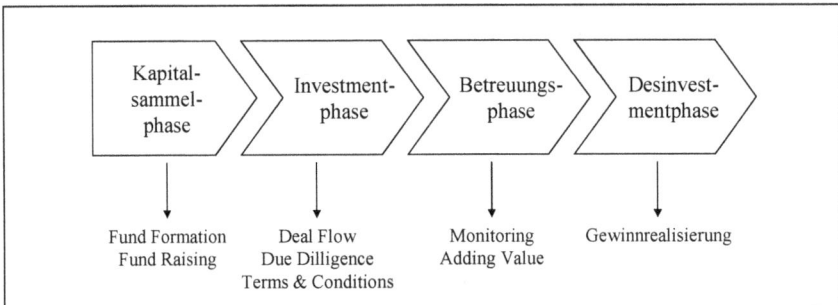

Abb. 2-4: Wertschöpfungskette einer Venture Capital-Gesellschaft

(2) Für den späteren Erfolg des Venture Capital-Fonds ist die *Investmentphase* von entscheidender Bedeutung. Das erste Element dieser Phase ist der so genannte *‚Deal Flow'*, d.h. die Menge der Investmentmöglichkeiten, die einer Venture Capital-Gesellschaft angetragen werden bzw. die sie selbst erschließen kann. Entscheidend hierfür ist neben der Reputation und dem Track Record von Venture Capital-Gesellschaft und -Managern vor allem das Netzwerk von Industriekontakten, über das diese verfügen. Dies umfasst auch Kontakte zu Gründungseinrichtungen wie Unternehmermessen oder Innovationstagen. Die Beziehung zwischen verschiedenen Venture Capital-Gesellschaften ist stets dann von besonderer Bedeutung, wenn sich mehrere Venture Capital-Fonds gleichzeitig an der Finanzierung eines einzelnen Portfoliounternehmens beteiligen (‚Syndikation' bzw. ‚Co-Venturing').[44] Das zweite Element ist die *‚Due Dilligence'*, also die detaillierte Untersuchung, Prüfung und Bewertung eines potentiellen Beteiligungsunternehmens als Grundlage einer Investitionsentschei-

---

[43]   Zu den geforderten Fähigkeiten eines Venture Capital Fonds-Managers vgl. Perez (1986), S. 38ff., oder Silver (1985), S. 17.

[44]   So zeigt z.B. Bygrave (1987), dass in Abhängigkeit von der Branche zwischen 70 und 86 Prozent aller Investitionen in Zusammenarbeit mit anderen Venture Capital-Fonds getätigt werden.

dung.[45] Eine herkömmliche Kreditwürdigkeitsprüfung ist hier aufgrund der inhärenten Unsicherheit nicht möglich, daher sind die entscheidenden Prüfungskriterien zum einen der vorgelegte Geschäftsplan, der Vorhaben, Ziele und Wege des Unternehmens darstellt und quantifiziert, zum anderen aber vor allem die Person des Unternehmers. Da auch dem Geschäftsplan ein hohes Maß an Unsicherheit anhaftet, ist oftmals die Unternehmerpersönlichkeit das letztlich ausschlaggebende Kriterium. Der bekannte Venture Capital-Pionier Arthur Rock fasst sein Vorgehen folgendermaßen zusammen:

> „Good ideas and good products are a dime a dozen. Good execution and good management – in a word, *good people*, are rare. (...) I see the [business; M.S.] plan as really an opportunity to evaluate the people. I look at a person's motivation, commitment, and energy, his character, his fibre." (Rock 1987, S. 63f.)

In der Due Dilligence werden alle verfügbaren relevanten Informationen gesammelt und bewertet, um dann schließlich in der Entscheidung zu gipfeln, ob die Investition getätigt wird oder nicht. Im Moment der Entscheidung sind alle wesentlichen Weichen, die den zukünftigen Erfolg oder Misserfolg des Investments bestimmen werden, gestellt.[46] Im Anschluss an diese grundsätzliche Entscheidung wird die Investmentphase abgeschlossen mit der Vereinbarung der Bedingungen der Beteiligung (*'Terms and Conditions'*).[47] Von herausragender Bedeutung sind hier Art, Höhe und Zeitpunkt(e) der Kapitalbeteiligung, die vertraglichen Rechte und Pflichten beider Seiten, sowie Kontroll- und Mitbestimmungsvereinbarungen. So haben die Venture Capital-Gesellschaft bzw. deren Manager in aller Regel einen Sitz im Kontrollgremium des Portfoliounternehmens und bestehen auf dem vertraglichen Recht auf Ablösung der Unternehmensführung bei Nicht-Erreichen vereinbarter Meilensteine, zumindest aber können sie Einfluss auf die Zusammensetzung der Führungsgremien des Portfoliounternehmens ausüben.

(3) Die *Betreuungsphase* ist das konstitutive Merkmal der Venture Capital-Finanzierung und ist die Ursache für deren fundamentale Differenz gegenüber anderen For-

---

[45] Eine detaillierte Zusammenstellung der Aufgaben, die ein Venture Capital-Manager im Zusammenhang mit der Due Dilligence zu beachten hat, findet sich z.B. in Perez (1986), S. 114.

[46] So sagt Aaron Silver, selbst ein erfahrener Venture Capital-Manager, über diese Phase: „The due dilligence process is neither short nor sweet. It is where the venture capitalist makes it or loses it. Other parts of the venture capital process to follow [merely; M.S.] either protect against losses or enhance the investment." (vgl. Silver 1985, S. 194).

[47] Ein praktisches Beispiel für eine solche Vereinbarung findet sich bei Silver (1985), S. 206ff.

men der Eigenkapitalfinanzierung.[48] In aller Regel besteht sie aus zwei Elementen. Dies ist zum einen die ständige Kontrolle und Überwachung des Portfoliounternehmens (‚Monitoring') durch die Venture Capital-Manager. Um den Wert ihrer Investition zu sichern, muss die Venture Capital-Gesellschaft stets über den Zustand des Unternehmens informiert sein, damit sie im Fall einer Krise rechtzeitig eingreifen kann und dem Unternehmen mit Managementerfahrung und Kontakten helfen kann, die Krise im Interesse aller Beteiligten zu überwinden. Neben diesem Krisenmanagement dient eine solche Überwachung auch als Frühwarnsystem, damit die Venture Capital-Gesellschaft ständig über die wirtschaftliche und technologische Entwicklung des Ventures informiert ist, um auch hier, wenn es geboten ist, ihre vertraglich vereinbarten Einwirkungsrechte geltend zu machen, z.B. den Austausch der Führungsmannschaft.[49] Die wesentlichen Instrumente der Überwachung sind neben einer in Form und Inhalt festgelegten monatlichen Berichterstattung vor allem der ständige Kontakt mit den Managern des Portfoliounternehmens einschließlich angekündigter oder überraschender Firmenbesuche.

Das andere Element der Betreuungsphase wird mit dem Terminus ‚Adding Value' umschrieben. Hierbei geht es weniger darum, das Portfoliounternehmen und seine Mitarbeiter zu überwachen, sondern vielmehr, diese mit der Erfahrung der Venture Capital-Gesellschaft und deren Managern im täglichen Geschäft zu unterstützen, damit beide Seiten das Unternehmen gemeinsam zum Erfolg führen können. In der Regel haben die Venture Capital-Manager im Gegensatz zum Unternehmensgründer schon eine Vielzahl von Unternehmensgründungen begleitet, somit verfügen sie über Erfahrungen und Erkenntnisse, die dem Unternehmer meist fehlen.

Die bedeutendsten Leistungen, die der Venture Capital-Geber für den Unternehmer erbringen kann, haben Fried/Hisrich (1995) in einer umfassenden empirischen Studie ermittelt und auf folgende sieben Elemente zusammengefasst:

- Die vertraglich vereinbarte Kapitalbeteiligung bildet den Kern der Beziehung zwischen Venture Capital-Geber und Unternehmen.

---

[48]   Vgl. Albach et al. (1986), S. 175.
[49]   So haben Fried/Hisrich (1995), S. 105, in ihrer Studie festgestellt, dass ein von außen induzierter Wechsel an der Unternehmensspitze für Venture Capital-finanzierte Unternehmen recht häufig ist. So lag der Anteil der Unternehmen, bei denen ein solcher Wechsel stattfand, je nach Güte des Zielerreichungsgrades des Unternehmens zwischen 40 und 74 Prozent.

- Wichtig ist auch die *aktive Teilnahme in Teilen des operativen Geschäfts*, insbesondere bei der Vermittlung von Beziehungen zu Banken und anderen Investoren, aber auch als Kontrollinstanz bzw. Feedback-Geber bei der Gestaltung von Unternehmensstrategien oder als Beratung bei der Besetzung der Führungspositionen des Unternehmens.[50]

- Das *Kontakt-Netzwerk des Venture Capital-Gebers* ist eine bedeutsame, man möchte fast sagen, lebensnotwendige Ressource für das neu gegründete Unternehmen. Mittels dieses Netzwerks kann der Venture Capital-Geber den Unternehmer mit anderen potentiellen Investoren, Kandidaten für Führungspositionen, vor allem aber auch mit ersten bedeutenden Kundenkontakten bekannt machen. Darüber hinaus kann er aber auch geeignete Dienstleister wie Anwalts- oder Steuerberaterkanzleien oder strategische Partner für Beschaffung oder Vertrieb vermitteln. Auch als Quelle strategisch relevanter Informationen, über die Venture Capital-Manager aufgrund ihrer umfangreichen Industrie-Kontakte verfügen, ist er für das Unternehmen von großer Bedeutung.

- Eine weitere, eher indirekt erbrachte Leistung ist der *Image-Gewinn*, den die Beteiligung einer bestimmten Venture Capital-Gesellschaft einem jungen Unternehmen bringen kann, indem der Venture Capital-Geber über seine Beteiligung an dem jungen Unternehmen dem Markt seinen Glauben in die großen Erfolgschancen des von ihm betreuten Unternehmens signalisiert.

- In Zeiten größerer Krisen oder bei sensiblen internen Problemen kann der Venture Capital-Geber dem Unternehmer aufgrund seiner großen Erfahrung auch *moralische Unterstützung* bieten.

- Eine weitere wichtige Leistung ist *allgemeines betriebswirtschaftliches und technisches Wissen*, aber auch unternehmerische Erfahrung, womit der Venture Capital-Manager dem Unternehmer zur Seite stehen kann.

- Eine letzte sehr bedeutsame Leistung ist die *Disziplin*, die der Venture Capital-Geber durch seine Präsenz dem Unternehmer abverlangt. Da das junge Unternehmen noch nicht dem Effizienzdruck des Kapitalmarktes unterliegt, wird dieser

---

[50] Allerdings darf daraus nicht der Schluss gezogen werden, der Venture Capital-Geber würde sich in alle möglichen operativen Belange einmischen. Vielmehr das Gegenteil ist der Fall. Die grundsätzliche Einstellung hierzu zeigt folgendes Zitat: „When a venture capitalist becomes involved at an operating level in a business, it's a sign that he's failed in his craft as venture capitalist." (vgl. Fried/Hisrich 1995, S. 103).

Druck und die damit einhergehende Notwendigkeit zur Disziplin auf der Seite des Unternehmers dadurch erzeugt, dass der Venture Capital-Geber dem Unternehmer eine detaillierte monatliche Berichterstattung abverlangt und von der zufrieden stellenden Erfüllung festgelegter Meilensteine eine Versorgung mit weiteren finanziellen Mitteln abhängig macht.

(4) Als letzter Schritt erfolgt die *Desinvestmentphase*, die den Rückfluss der investierten Mittel sichert. Der Zeitpunkt der Liquidierung der gehaltenen Anteile hängt einerseits von der Entwicklung des Unternehmens, andererseits von der allgemeinen wirtschaftlichen Lage und den sich bietenden Exit-Möglichkeiten ab. Als mögliche Strategien bieten sich, wie bereits weiter oben dargestellt, eine Erstplatzierung über die Börse, der Rückkauf der Anteile durch den Unternehmer, oder auch der Verkauf der Anteile an andere Finanzintermediäre oder Industrie-Unternehmen an. Erst mit der Desinvestition erfolgt auch die Gewinnrealisierung durch die Venture Capital-Gesellschaft und der beteiligten Personen und Institutionen.

Nach Ablauf der vertraglich vereinbarten Laufzeit des Venture Capital-Fonds werden dann die auf diesem Wege erwirtschafteten Gewinne an die Beteiligten ausbezahlt. Die Management-Gesellschaft erhält eine entsprechende Entlohnung für ihre Verwaltungs- und Betreuungsleistungen. Anschließend werden aus den verbleibenden Mitteln die einzelnen Gewinnanteile an die Fonds-Gründer und Investoren gemäß der vertraglich vereinbarten Konditionen ausgeschüttet. Mit der Auszahlung der letzten Mittel wird dann der Fonds aufgelöst.

2.4 Zusammenfassung und Fazit

Aufgabe dieses Kapitals war die Untersuchung der Frage, ob Venture Capital als Form der Eigenkapitalfinanzierung in besonderer Weise für junge, innovative Unternehmen geeignet sein könnte. Aufbauend auf der Feststellung, dass diese Unternehmen in den meisten Fällen auf externe Kapitalquellen angewiesen sind, wurde eine grundsätzlich bessere Eignung von Eigen- gegenüber Fremdkapital festgestellt. Ansatzpunkt hierfür war die unterschiedliche Partizipation des Kapitalgebers an den Chancen und Risiken des finanzierten Unternehmens. Während Fremdkapitalgeber nur am Risiko, nicht aber an den Chancen des Unternehmers teilhaben, ist die Partizipation des Eigenkapitalgebers symmetrisch zu der des Unternehmers, da beide gleichermaßen an den Chancen und Risiken des Unternehmens teilhaben können und müssen.

Wegen der Möglichkeit einer aktiven Unterstützung des Unternehmers durch den Venture Capital-Geber mittels Bereitstellung verzweigter Kontakt-Netzwerke und der langjährigen Erfahrung von Venture Capital-Managern bei der Gründung und Aufzucht innovativer junger Unternehmen wird diese aktive Form der Beteiligungsfinanzierung besser den Bedürfnisse junger Unternehmen gerecht als andere, eher passive Formen. Daraus ergibt sich schlussendlich die hervorragende Eignung von Venture Capital für die Finanzierung junger, innovativer Unternehmen. Klemm (1988) fasst dies folgendermaßen zusammen:

> „Die Beteiligungsfinanzierung durch ‚aktives' Eigenkapital ist besonders geeignet für die Innovationsfinanzierung. Durch die Teilnahme an dem Gewinnpotential der Umsetzung der Innovation und der Möglichkeit, Risiken durch aktive Teilnahme zu reduzieren, ergibt die Eigenkapitalfinanzierung einen besseren ‚Fit' für die Realisierung der Innovation, als dies bei der Finanzierung durch Fremdkapital möglich ist." (Klemm 1988, S. 91)

3 Industrieunternehmen als Venture Capital-Investoren

Zwar bilden industrielle Investoren nur eine relativ kleine Gruppe innerhalb des Marktes für Venture Capital-Finanzierung (vgl. nochmals Abbildung 2-2 im vorhergehenden Kapitel), jedoch erscheint eine detailliertere Betrachtung dieses Segments aus zweierlei Gründen notwendig bzw. sinnvoll: zum einen ist die Motivation dieser Gruppe von Investoren oftmals eine andere als die von Banken, Versicherungen oder Pensions-Fonds, die ja das dominierende Segment bilden, zum anderen haben sich im Vergleich zum ‚klassischen' Venture Capital für das Segment industrieller Investoren eigene Strukturen und Begrifflichkeiten herausgebildet, die es genauer zu beleuchten gilt.

Im Folgenden soll nun die Rolle industrieller Investoren, auch Corporate Venture Capital-Investoren genannt, durch Übertragung der Mechanismen des Venture Capital in etablierte Unternehmen aus verschiedenen Blickwinkeln beleuchtet werden.[51] Zunächst erfolgt eine definitorische Eingrenzung des Begriffs Corporate Venture Capital. Im Anschluss daran werden die wesentlichen Unterschiede zwischen dem im vorhergehenden Kapital dargestellten Venture Capital-Konzept und dem des Corporate Venture Capital, vor allem in Bezug auf Ziele und Methoden, dargestellt. Abgeschlossen wird dieses Kapital mit einem zusammenfassenden Fazit.

3.1 Definition von Corporate Venture Capital

Mit der zunehmenden Prominenz der Venture Capital-Industrie in den USA der 50er Jahre, maßgeblich beeinflusst durch das erfolgreiche Investment der ARD in Digital Equipment Corporation wurden auch große Industrieunternehmen auf diese neue Möglichkeit der Investition aufmerksam.[52] Bereits Ende der 60er Jahre hatten mehr als ein Viertel der 500 größten US-amerikanischen Unternehmen erste eigene Erfahrungen mit dem Instrument Corporate Venture Capital gemacht.[53] Schon früh spielten

---

[51] Vgl. hierzu auch ausführlich Schuster (2001).

[52] Als erste derartige Investition eines etablierten Industrieunternehmens wird oft auch die 38-prozentige Beteiligung von DuPont am Automobilhersteller General Motors im Jahr 1919 genannt (vgl. hierzu auch Rind 1986, S. 108).

[53] Vgl. Gompers/Lerner (1998), S. 6f.

neben der Erwartung einer attraktiven finanziellen Rendite auch strategische Gesichtspunkte eine Rolle.

3.1.1 Begriffliche Abgrenzung des Corporate Venture Capital-Ansatzes

Mit der zunehmenden Attraktivität von Corporate Venture Capital kam es in der Praxis auch zu den unterschiedlichsten Konfigurationen solcher Programme durch die
Unternehmen und zu einer damit einhergehenden uneinheitlichen begrifflichen Differenzierung des Phänomens in der wissenschaftlichen Literatur,[54] obgleich die inhaltlichen Unterschiede nicht selten nur marginal waren. Schween (1996), S. 16ff., hat in
seiner Arbeit versucht, diese Vielzahl von Konzepten auf einige wenige Grundtypen
zu reduzieren, und hat hierbei im wesentlichen vier Ansätze unterschieden:

(1) Das wohl umfassendste Konzept ist mit dem Begriff *Venture Management* umschrieben. Nathusius, der diesen Begriff in Deutschland in starkem Maße geprägt hat,
beschreibt Venture Management als

> „(...) eine unternehmerische Aktivität, die als Objekt die Teilnahme einer ‚Mutterge-
> sellschaft' an Gründungen neuer Gliedbetriebe oder selbständiger Unternehmen (...)
> zum Gegenstand hat. Im Rahmen der geplanten Unternehmensentwicklung der Mutter-
> gesellschaft besteht die Aufgabe des Venture Management darin, über die Gründung
> neuer, quasi-autonomer Unternehmensteile oder die Beteiligung an der Gründung selb-
> ständiger, vorher nicht existenter Unternehmungen neue Entwicklungsimpulse und er-
> weiterte Möglichkeitsräume für die Zukunft zu schaffen." (Nathusius 1979b, S. 507)

Kerngedanke dieses Konzeptes, vom Autor selbst als „umfassende Führungskonzep-
tion zur Unternehmensentwicklung"[55] verstanden, liegt in der gezielten Nutzung von
Synergiepotentialen und Komplementaritäten zwischen jungem und gereiftem Unter-
nehmen. Aufgrund dieser sehr umfassenden Definition des Begriffs wird Venture
Management auch oft als Oberbegriff für andere Phänomene wie ‚Intrapreneurship',
‚Corporate Venturing' oder ‚Corporate Venture Capital' bezeichnet.[56]

(2) Bei *Intrapreneurship* geht es, wie die sprachliche Nähe zum Begriff Entrepreneurship bereits andeutet, darum, innerhalb von Teilbereichen einer bestehenden Organisation Umweltbedingungen zu schaffen, die denen eines Gründungsunterneh-

---

[54] So führt beispielsweise Siemer (1991), S. 14, in seiner Darstellung allein 17 verschiedene Be-
zeichnungen für dieses Phänomen auf.
[55] Vgl. Nathusius (1979a), S. 142.
[56] Vgl. Schween (1996), S. 20.

mens ähneln, um für die Mitarbeiter ein vergleichbares Maß an Motivation und kreativem Freiraum zu schaffen.[57] In diesem Freiraum können die Mitarbeiter dann eigene Produkt- oder Prozessideen verfolgen, die nicht unbedingt mit der strategischen Ausrichtung und dem existierenden Produktportfolio des Unternehmens übereinstimmen müssen.[58] Sind diese internen Projekte hinreichend Erfolg versprechend, dann werden sie je nach Konsistenz mit der Unternehmensstrategie in die bestehende Organisation reintegriert oder auch als neue, eigenständige Tochter ausgegründet bzw. an entsprechende Interessenten verkauft.

(3) Ein in der amerikanischen Literatur weit verbreiteter Begriff ist *Corporate Venturing*. Als Corporate Venture werden solche Projekte bezeichnet, die:

„(1) involves an activity *new* to the organization, (2) is initiated or conducted *internally*, (3) involves significantly *higher risk* of failure or large losses than the organization's base business, (4) is characterized by *greater uncertainty* than the base business, (5) will be *managed separately*, (6) is undertaken for the purpose of increasing sales, profit, productivity, or quality." (Block/McMillan 1995, S. 14)

Aus dieser Beschreibung wird deutlich, dass mit Corporate Venturing vornehmlich ein Organisationskonzept zur Verbesserung der Innovationsleistungen der eigenen, internen Forschungsabteilungen gemeint ist, hauptsächlich durch die Schaffung von autonomer und eigenverantwortlichen Projektorganisationen innerhalb des FuE-Bereichs, die sich außerhalb der etablierten Linienorganisation befinden.[59]

(4) Im Gegensatz zu den anderen oben dargestellten Ansätzen handelt es sich bei *Corporate Venture Capital* um ein Konzept, welches insbesondere die Finanzierung *und* Betreuung junger, wachstumsträchtiger Unternehmen durch industrielle Investoren in den Vordergrund stellt, unabhängig davon, ob diese innerhalb oder außerhalb des Unternehmens entstanden sind. Trotz der großen sprachlichen Affinität weist dieses Konzept deutliche Unterschiede gegenüber dem im vorhergehenden Kapitel skizzierten ‚klassischen' Venture Capital auf.[60] Eine im deutschen Sprachraum promi-

---

[57] Vgl. Pinchot (1985).

[58] Ein gutes Beispiel hierfür ist die 15 Prozent-Regel bei 3M, nach der Entwickler bis zu 15 Prozent ihrer Arbeitszeit auf eigene Ideen verwenden dürfen. Aus dieser Regelung heraus sind beispielsweise die erfolgreichen Post-It-Notes entstanden (vgl. hierzu Johnston 1989, S. 20).

[59] Vgl. hierzu im Detail Block/McMillan (1995), S. 147ff.

[60] So sieht beispielsweise Schween (1996), S. 19, den entscheidenden Unterschied in der stärkeren strategischen Ausrichtung solcher Programme im Gegensatz zur deutlich rendite-orientierten Ausrichtung herkömmlicher Venture Capital-Aktivitäten anderer Investoren.

nente Definition, deren Begriffsverständnis auch dieser Arbeit zugrunde gelegt werden soll, findet sich bei Schween (1996):

> „(1)   Corporate Venture Capital ist Beteiligungskapital oder beteiligungsähnliches Kapital, das wachstumsträchtigen, technologisch innovativen, im Zielzustand rechtlich selbständigen, kleinen und mittleren Unternehmen oder Gründungseinheiten (...) von etablierten Industrieunternehmen (...) zur Verfügung gestellt wird.

> (2)   Neben der Finanzierungsfunktion übernehmen die Mutterunternehmen auf direktem oder indirektem Wege auch eine Beratungsfunktion für das Management des Ventures und stellen optional auch ihre Reputation, sowie Unterstützung in den Bereichen Beschaffung, Produktion oder Absatz zur Verfügung.

> (3)   Corporate Venture Capital hat eine langfristige Perspektive. Seine Rendite erzielt es sowohl indirekt durch strategische Vorteile aus der Zusammenarbeit, als auch direkt durch Kapitalgewinne bei Veräußerung der Beteiligungen." (Schween 1996, S. 21)

Diese Begriffsbestimmung ist stark an die bereits diskutierte Venture Capital-Definition von Albach et al. (1986), S. 166, angelehnt, wurde jedoch von Schween um die Besonderheiten des Konzepts in Bezug auf industrielle Investoren ergänzt.

3.1.2 Wesentliche Merkmale des Corporate Venture Capital-Ansatzes

Vergleicht man die Definition von Corporate Venture Capital von Schween (1996) mit der in Kapitel 2 dargestellten Definition für herkömmliches Venture Capital von Albach et al. (1986), dann ergeben sich daraus fünf wesentliche Unterschiede:

(1) Eine erste Unterscheidung betrifft die *finanzierten Unternehmen* (auch Ventures genannt). Während Venture Capital grundsätzlich zumindest theoretisch für alle jungen Unternehmen zur Verfügung steht, beschränken sich Corporate Venture Capital-Investoren auf die Finanzierung technologisch innovativer Unternehmen, d.h. Unternehmen, die an der Vermarktung einer neuen technischen Problemlösung arbeiten. Der Hauptgrund hierfür liegt darin, dass Industrieunternehmen Corporate Venture Capital-Finanzierung in aller Regel vornehmlich unter dem Aspekt der Technologiebeobachtung betreiben.[61]

(2) Eine zweite, mehr definitorische Unterscheidung ist die Tatsache, dass *der Kreis potentieller Investoren auf etablierte Industrieunternehmen beschränkt ist.* Im Gegen-

---

[61]   Vgl. Schmidt (1985), S. 412.

satz zum klassischen Venture Capital, bei dem industrielle Investoren nur einen relativ kleinen Anteil haben, beschränkt sich das Konzept des Corporate Venture Capital
allein auf Industrieunternehmen und versucht im besonderen, deren Bedürfnisse und
Motive zu berücksichtigen. Wichtig ist in diesem Zusammenhang auch die Abgrenzung gegenüber etablierten Unternehmen aus dem Finanzsektor, wie z.b. Banken o-
der Versicherungen, die, obgleich durchaus etabliert, nicht als potentielle Investoren
für Corporate Venture Capital in Frage kommen.

(3) Ein weiterer bedeutender Unterschied liegt im *Umfang und Ausmaß der Managementunterstützung* für das Venture durch das Industrieunternehmen. Ebenso wie ein
normaler Venture Capital-Geber erbringt der industrielle Investor eine Vielzahl von
Dienstleistungen für das Venture. Neben der Bereitstellung der finanziellen Mittel
spielt ja insbesondere die Betreuungsleistung durch den Venture Capital-Geber eine
bedeutende Rolle in dieser Beziehung. Der Corporate Venture Capital-Geber ist jedoch aufgrund seiner Erfahrung in den eigenen Kerngeschäften in der Lage, jenseits
der einem normalen Venture Capital-Geber möglichen Betreuungsleistungen seine
Reputation, vor allem aber auch den Zugang zu den eigenen Beschaffungs- und Absatzkanälen oder auch Produktionskapazitäten zu ermöglichen. Dadurch erwachsen
dem Venture natürlich entscheidende strategische Vorteile, da beispielsweise bereits
auf ein funktionierendes globales Vertriebsnetz zurückgegriffen werden kann, welches ansonsten erst noch aufgebaut werden müsste.

(4) Eine vierte Unterscheidung knüpft an der *Haltedauer der Beteiligung* an. Merkmal einer normalen Venture Capital-Finanzierung ist es, dass das investierte Kapital,
welches von den Investoren ja meist aus rein finanziellen Erwägungen aufgebracht
wurde, nach Ablauf des vereinbarten Zeitraums wieder an die Investoren zurückflie-
ßen muss. Dafür ist die Liquidierung der Investition z.B. über einen IPO notwendig.
Ein Corporate Venture Capital-Investor hingegen hat möglicherweise kein Interesse
an einem kurz- bis mittelfristigen direkten finanziellen Gewinn, sondern will die Anteile an einem erfolgreichen Venture aus strategischen Erwägungen unter Umständen
langfristig halten. Es ist sogar denkbar, dass das Venture im Laufe der Zeit zu einer
regulären Tochter innerhalb der etablierten Konzernstrukturen des Industrieunternehmens wird.

(5) Eine letzte, von Schween (1996), S. 19, als entscheidend identifizierte Unterscheidung liegt in der *Zielsetzung der Investoren.*[62] Neben den bereits angesprochenen
möglichen hedonistischen oder altruistischen Zielen dominieren im klassischen Venture Capital eindeutig die finanziellen Motive der Beteiligten. Dies gilt sowohl für die
Investoren als auch für die Gründer und Manager des Venture Capital-Fonds. Auch
ein Corporate Venture Capital-Geber ist selbstverständlich bestrebt, eine attraktive
Rendite auf sein investiertes Kapital zu erzielen, allerdings spielen stets auch strategische Überlegungen eine gewisse, oft sogar die dominierende Rolle. So versucht das
Industrieunternehmen beispielsweise durch Ausnutzung von Synergiepotentialen o-
der Komplementaritäten zwischen Unternehmen und Venture einen strategischen
Vorteil für das Mutterunternehmen zu erzielen, indem z.B. über das Venture neue
Märkte oder Technologien sondiert werden.

Neben den oben skizzierten, eher definitorischen Unterscheidungen zeigt sich auch
im Ablauf von Corporate Venture Capital-Finanzierungen, dass dieses Konzept einige Modifikationen gegenüber normalen Venture Capital aufweist. Zunächst einmal
muss davon ausgegangen werden, dass industrielle Investoren in der Mehrzahl eine
deutlich aktivere Investoren-Rolle übernehmen werden. Zwar gibt es diesbezüglich
noch keine empirischen Untersuchungen, aber vor dem Hintergrund des strategischen
Interesses der Industrieunternehmen kann man davon ausgehen, dass die Investoren
durch aktive Pflege und Unterstützung die Entwicklung des Ventures entscheidend
stärken wollen.

Betrachtet man die Phasenentwicklung und die damit einhergehende Stufenfinanzierung des Ventures, dann kann man sicherlich von einem grundsätzlich gleichen Verlauf der Finanzierung über mehrere Runden entsprechend dem Kapitalbedarf und
dem Erfolgspotential des Ventures ausgehen. Einzig bei der Wahl der Finanzierungsmittel lassen sich deutliche Unterschiede konstatieren. So hat beispielsweise
Schween (1996), S. 241, in einer empirischen Studie des deutschen Corporate Venture Capital-Marktes herausgefunden, dass eine direkte Kapitalbeteiligung mittels
‚normalem' Eigenkapital die mit Abstand größte Rolle spielt, andere Formen wie
Mezzanine-Kapital jedoch keine Bedeutung haben. Als Gründe hierfür werden zum
einen ein allgemeines Wissensdefizit bezüglich alternativer Finanztitel auf Seiten
deutscher Venture Capital-Investoren ganz allgemein genannt, zum anderen aber vor

---

[62]   Eine differenziertere Betrachtung der Ziele von Corporate Venture Capital-Investoren erfolgt
       im Teilkapitel 3.2.

allem das mangelnde Wissen bezüglichen unterschiedlichen Finanzierungsformen auf Seiten der industriellen Investoren.[63]

Auch im Hinblick auf die Wertschöpfungskette eines Corporate Venture Capital-Investors kann man von einem grundsätzlich gleichen Ablauf ausgehen. Eine nicht unwesentliche Ergänzung erfährt die Betreuungsphase, wie bereits weiter oben ausgeführt, dadurch, dass das Industrieunternehmen dem Venture nicht nur mit seiner Branchenerfahrung und seinen Industriekontakten zur Verfügung stehen kann, sondern dass es dem Venture darüber hinaus auch Zugang zu den eigenen, etablierten Beschaffungs- oder Absatzkanälen bieten kann. Auch das Spektrum möglicher Exit-Strategien in der Desinvestmentphase wird durch die zusätzliche Alternative eines langfristigen Haltens der Anteile entsprechend erweitert. Während ein normaler Venture Capital-Fonds aufgrund der Rückzahlungsverpflichtung gegenüber seinen Investoren in einem gewissen Liquidationszwang steht, kann der industrielle Investor seine Anteile durchaus auch langfristig halten, um mögliche Synergiepotentiale besser nutzen zu können.

3.2 Ziele industrieller Corporate Venture Capital-Investoren

Betrachtet man in der Literatur verschiedene Beiträge, die sich mit den Zielen und Erwartungen eines Industrieunternehmens in Bezug auf die eigenen Corporate Venture Capital-Aktivitäten auseinandersetzen, erkennt man Vielzahl unterschiedlichster Ansätze.[64] Allerdings ist es in aller Regel möglich, jeden dieser Ansätze und die darin geäußerten Zielvorstellungen einer oder beider der folgenden Kategorien zuzuordnen. Dies sind auf der einen Seite finanzielle Ziele, womit meist eine angemessene Verzinsung auf das eingesetzte Kapital gemeint ist, auf der anderen Seite so genannte strategische Ziele, beispielsweise die Erlangung spezifischen Technologie- oder Marktwissens. Im Folgenden sollen zunächst diese beiden Zieldimensionen in einem ersten Zugriff kurz dargestellt werden, um sie dann in einem vorläufigen Fazit zueinander in Beziehung zu setzen.

---

63 Vgl. auch Klemm (1988), S. 95ff., zu einem Vergleich des US-amerikanischen und deutschen (Corporate) Venture Capital-Marktes im Hinblick auf die Wahl der optimalen Finanzierungsmittel, nicht zuletzt auch vor dem Hintergrund der jeweiligen Rechts- und Steuervorschriften.

64 Vgl. hierzu beispielsweise die Darstellungen in Brody/Ehrlich (1998), S. 55), Fischer (1988), S. 440, Schween (1996), S. 78ff., Siemer (1990), S. 65ff., Rütschi (1989), S. 48., European Commission (2001), S. 14ff., Hagleitner (2000), S. 42ff., oder Chesbrough (2002), S. 92ff.

3.2.1 Finanzielle Ziele

Grundsätzlich handelt es sich bei Corporate Venture Capital-Aktivitäten aus der Sicht des Industrieunternehmens zunächst einmal um eine (normale) Investition. Die Qualität einer getätigten Investition beurteilt das Unternehmen üblicherweise mit Hilfe bekannter Investitionsrechenverfahren.[65] Auch für Venture Capital-Investitionen hat sich eine spezielle, allgemein anerkannte Messgröße zur ex-post Ermittlung des finanziellen Erfolgs der Investition herausgebildet. Hierbei handelt es sich um die Bestimmung des internen Zinsfußes der Investition, der so genannten ‚Internal Rate of Return' (IRR). Dieser interne Zinsfuß stellt denjenigen Diskontierungszins dar, bei dem der heutige Wert aller geleisteten Zahlungen im Rahmen einer Investition der Summe aus dem heutigen Wert aller erhaltenen Rückflüsse und dem heutigen Wert des gehaltenen Portfolios entspricht.[66]

Bei herkömmlichen Venture Capital-Investoren steht das finanzielle Ziel einer Maximierung der Rendite auf das eingesetzte Kapital klar im Vordergrund. Auch für Industrieunternehmen, die ja ebenso dem Wirtschaftlichkeitsprinzip unterworfen sind, gilt dies natürlich grundsätzlich in gleicher Weise. Allerdings können diese Unternehmen neben diesem direkten finanziellen Gewinn auch indirekt aus der Investition profitieren, indem z.B. das Produkt eines erfolgreichen Ventures die Nachfrage nach den eigenen Kernprodukten des Mutterunternehmens stärkt.[67] Diese indirekten Erfolgszusammenhänge sind natürlich nur schwer quantifizierbar und können daher bei der Bewertung dem finanziellen Erfolg der Venture-Aktivitäten nicht entsprechend berücksichtigt werden. Der Begriff des finanziellen Gewinns einer Corporate Venture Capital-Investition meint jedoch stets sowohl den direkten als auch den indirekten Profit.

Ein Problem, mit dem man in der Praxis oft konfrontiert wird, ergibt sich beim Vergleich der Rentabilität von Corporate Venture Capital-Investitionen mit den Investitionen normaler Venture Capital-Gesellschaften. Eine Reihe von Autoren attestiert den Investitionen spezialisierter Venture Capital-Fonds typischerweise eine höhere Profi-

---

[65]   Zu einer lehrbuchartigen Darstellung verschiedener statischer und dynamischer Investitionsrechenverfahren vgl. Perridon/Steiner (1995), S. 37ff.

[66]   Vgl. hierzu auch EVCA (1998), S. 65ff. Neben einer formalen Darstellung der Berechnung der IRR findet sich dort auch eine Gegenüberstellung verschiedener, in der Praxis verwandter Unterformen der IRR, die je nach Zweck der Berichterstattung zur Anwendung kommen können.

[67]   Vgl. Brody/Ehrlich (1998), S. 56.

tabilität als denen von Industrieunternehmen.[68] Diese Sichtweise ändert sich aber, wenn man in Betracht zieht, dass die Basis für die Messung des finanziellen Erfolgs bei beiden nicht identisch ist. Venture Capital-Fonds desinvestieren ihre Beteiligung an einem Portfoliounternehmen am Ende der Laufzeit üblicherweise über die Börse und erzielen ihren Profit aus der Wertsteigerung zwischen dem für die Beteiligung gezahlten Betrag und dem, was der Kapitalmarkt dafür zu zahlen bereit ist. Der Kapitalmarkt aber bewertet das Unternehmen mit einem Vielfachen der zukünftigen Gewinne des Unternehmens. Industrieunternehmen hingegen können, sofern sie ihre Beteiligung nicht ebenfalls über die Börse desinvestieren, nicht auf die Bewertung zukünftiger Gewinne durch den Markt zurückgreifen, und müssen daher bei Rentabilitätsbetrachtungen auf real anfallende, heutige Gewinne zurückgreifen, die natürlich im Gegensatz zu zukünftigen Gewinnen keine Wachstumskomponente beinhalten können. Dies ist im Wesentlichen der Grund für die vermeintlich höhere Rendite der Beteiligungen professioneller Venture Capital-Gesellschaften.

Aus diesen Unterschieden erscheint ein Performance-Vergleich zwischen professionellen Venture Capital-Gesellschaften und Corporate Venture Capital-Investitionen grundsätzlich problematisch. Allerdings gehen Block/McMillan (1995), S. 26f., davon aus, dass sich beider Performance wohl nicht allzu sehr unterscheiden würde, wenn beide mit den gleichen Methoden und Maßstäben bewertet würden.[69]

3.2.2 Strategische Ziele

Der wesentliche Unterschied in der Rolle industrieller Investoren als Venture Capital-Geber liegt, wie bereits mehrfach erwähnt, darin, dass diese jenseits finanzieller Ziele mit ihren Aktivitäten meist auch strategische Ziele verfolgen. Versucht man die verschiedenen, in der Literatur genannten eher strategisch geprägten Zielorientierungen zu strukturieren, so lassen sich diese grob in zwei Gruppen einteilen, nämlich Technologiebeobachtung und -transfer auf der einen Seite, Stärkung des Unternehmertums als wesentliches Element der Unternehmenskultur auf der anderen Seite.[70]

---

[68] Für eine Zusammenstellung verschiedener diesbezüglicher Studien vgl. Block/McMillan (1995), S. 24ff.

[69] Eine der ersten empirischen Studien, die sich mit diesem Thema auseinandersetzt (vgl. hierzu Gompers/Lerner 1998, S. 34ff.), scheint diese Vermutung allerdings zu bestätigen.

[70] In der angelsächsischen Literatur werden die Begriffe Technologiebeobachtung und -transfer oft auch unter dem Ausdruck ‚Window on Technology' subsumiert.

(1) Die eine mögliche strategischer Zielsetzungen eines Corporate Venture Capital-Investors bezieht sich auf zwei eng miteinander verbundene technologische Aspekte.[71] Zum einen geht es darum, gereiften Industrieunternehmen die Möglichkeit zu eröffnen bzw. deren bestehende Verfahren dahingehend zu verbessern, auf diesem Weg über aktuelle technologische Trends und Entwicklungen bekannter und weniger bekannter Technologiefelder auf dem laufenden gehalten zu werden und damit mögliche Technologiesprünge frühzeitig erkennen zu können *(Technologiebeobachtung)*. Zum anderen geht es darum, attraktives technologisches Wissen, welches für die etablierten Kernbranchen oder -produkte des Unternehmens oder für denkbare neue Markterschließungen möglicherweise von Bedeutung wäre, von den Ventures in das Mutterunternehmen hinein zu übertragen *(Technologietransfer)*. Warum dies hilfreich, ja sogar dringend geboten zu sein scheint, zeigt das folgende Beispiel aus der Frühzeit der Computer-Branche Ende der 70er Jahre:

> „Als Carlo de Benedetti wenige Monate nach seinem Einstieg bei Olivetti die Entwicklungsabteilung des Konzerns in Cupertino (Kalifornien) besuchte, sagte ihm einer der Ingenieure, dass fünfhundert Meter weiter zwei Verrückte mit Bärten und langen Haaren ein Ding bastelten, das sie ‚Personal Computer' nannten. Die hätten Geld nötig, und er, der Präsident, sollte sich das doch mal ansehen – vielleicht könnte Olivetti mit den beiden, die Steve Jobs und Steve Makula hießen, etwas anfangen. Benedetti fand das Ding damals zu verrückt, um auch nur einen Dollar zu investieren." (Schmidtke 1985, S. 132)

Große Unternehmen, wie in diesem Beispiel Olivetti, laufen ständig Gefahr, neue technologische Entwicklungen und Trends, die oft gerade in solchen kleinen, kreativen ‚Garagen-Unternehmen' (hier das spätere Unternehmen Apple) generiert werden, zu verschlafen. Corporate Venture Capital erscheint in diesem Zusammenhang als ein mögliches Instrument, um auf der einen Seite früh über grundlegende technologische Veränderungen informiert zu werden, und auf der anderen Seite als Instrument zur Überwindung des organisatorischen Dilemmas zwischen der operativen Stabilität großer Unternehmen und der innovativen Dynamik kleiner Unternehmen, um die eigenen Innovationsaktivitäten sinnvoll zu unterstützen.[72]

(2) Die andere mögliche strategische Zielsetzung eines Corporate Venture Capital-Programms wurde oben schon mit dem Ausdruck *Stärkung des Unternehmertums* angesprochen. Zwar wird dieser zweiten Zielsetzung in der Literatur oft keine bedeu-

---

[71]   Vgl. hierzu auch Nathusius (1979a), S. 27ff.

[72]   Vgl. Schween (1996), S. 81ff.

tende Rolle eingeräumt, dennoch stellt sie eine sinnvolle Ergänzung der technologischen Ziele dar.[73] Es geht hierbei um die Schaffung von Teilbereichen innerhalb und
außerhalb des gereiften Unternehmens, in denen versucht werden soll, das unternehmerische Umfeld kleiner Unternehmen zu emulieren. Auf diese Weise soll zum einen
erreicht werden, dass talentierte Mitarbeiter des großen Unternehmens in einer Umgebung arbeiten können, in der sie ihre kreativen Potentiale besser nutzen können als
in den starren Strukturen des Mutterunternehmens. Zum anderen gibt dies den Mitarbeitern die Möglichkeit, Produktideen, die für das Kerngeschäft des Unternehmens
eher von peripherem Interesse sind, im Rahmen eines eigenen Unternehmens mit Unterstützung des Mutterunternehmens zu verfolgen (so genannte ‚Spin-Offs').[74]

Schließlich wird vom gereiften Unternehmen oft auch noch die Hoffnung geäußert,
dass sich die Kreativität und das unternehmerische Denken und Handeln, welches
sich in diesen relativ autonomen Venture-Einheiten entfalten kann und soll, in der einen oder anderen Weise auch auf die Kultur des Gesamtunternehmens ausstrahlt und
diese befruchtet, um dadurch zu einer Auflockerung oder gar Überwindung tradierter
Unternehmensstrukturen zu gelangen, die dann ihrerseits wiederum einen positiven
Einfluss auf Innovationskraft und Wettbewerbsfähigkeit des gereiften Unternehmens
haben könnten.

---

[73]   Eine explizite Erwähnung des Ziels ‚Stärkung des Unternehmertums' findet sich nur in weni-
gen Arbeiten. Vgl. hierzu Nathusius (1979a), S. 28, oder Day/Wendler (1998), S. 28. Wie sich
jedoch im Verlauf dieser Arbeit noch zeigen wird, erscheint die einseitige Betonung technologischer Ziele zu Lasten anderer Aspekte, insbesondere der offensichtlichen Vernachlässigung
des Themas ‚Unternehmertum' im Zusammenhang mit Corporate Venture Capital wenig sinnvoll. Allein eine Konfrontation dieser Sichtweise mit dem Begriff des Not-Invented-Here-Syn-
droms (NIHS) scheint diese Zweifel schon zu bestätigen. Würde es dem Unternehmen gelingen, mittels Corporate Venture Capital-Aktivitäten oder anderen Methoden neues Wissen in
die Organisation hineinzutragen, so muss es (das Wissen) in einem zweiten Schritt, um auch
wirklich erfolgreich genutzt werden zu können, innerhalb der Organisation möglichst breit ge-
streut und von den Beteiligten auch als legitim akzeptiert werden. Dem widerspricht aber das
NIHS, welches ein kulturelles Phänomen beschreibt, nachdem Forschungsabteilungen dazu
tendieren, externem Wissen kritischer und zurückhaltender gegenüber zu stehen als intern ge-
neriertem Wissen (vgl. auch Katz/Allen 1982). Wird über Corporate Venture Capital-Programme oder andere Wege der Wissensakquisition nicht gleichzeitig auch der Versuch unternommen, auch die für dieses Phänomen verantwortlichen Elemente der Unternehmenskultur zu
berücksichtigen, scheint das Öffnen eines Window on Technology mittels Corporate Venture
Capital langfristig nur wenig Erfolg versprechend.

[74]   Zu den Potentialen von Ausgründungen aus bestehenden Unternehmen vgl. auch Knyphausen-
Aufseß (2003), S. 351ff.

Neben den oben erläuterten zwei bedeutsamsten strategischen Zielen von Corporate
Venture Capital-Aktivitäten finden sich in der Literatur einige weitere, die jedoch
meist keine bedeutsame Rolle spielen. Dies sind insbesondere das Ziel der Diversifi-
kation der Geschäftsfeldstruktur des Unternehmens oder auch des Kennenlernens
neuer Finanzierungswege über das Instrument Venture Capital und sollen hier nur der
Vollständigkeit halber erwähnt werden.[75]

3.2.3 Betrachtung der Zielbeziehungen und vorläufiges Fazit

Versucht man, die verschiedenen Ziele der einzelnen Bereiche innerhalb des Unternehmen zueinander in Beziehung zu setzen, ist zunächst das Verhältnis von Unternehmensstrategie des Mutterunternehmens und Zielausrichtung des von der Unternehmensleitung eingerichteten Corporate Venture Capital-Programms von entscheidender Bedeutung.[76] Im Zusammenhang mit einer umfassenden Unternehmensstrategie ist ein solches Corporate Venture Capital-Programm nur ein, wenn auch ein be-
deutsames, Instrument des Unternehmens zur Verfolgung seiner originären Unterneh-
mensstrategie(n), d.h. die strategische Ausrichtung des Corporate Venture Capital-
Programms muss sich im Einklang mit den grundsätzlichen strategischen Zielen des
Mutterunternehmens befinden.[77] Dies bedeutet, dass die Unternehmensleitung dafür
zu sorgen hat, dass die Strategien des Programms die Ziele des Gesamtunternehmens
unterstützen und diesen nicht entgegenlaufen.

Bei der Betrachtung der Beziehung zwischen den beiden möglichen Zielsetzungen eines Corporate Venture Capital-Programms, d.h. finanzieller gegenüber strategischer
Ausrichtung, ist es hilfreich, zunächst zwei Grundtypen von Investorenunternehmen
zu unterscheiden. Rein finanziell motivierte Industrieunternehmen verhalten sich
grundsätzlich wie normale Venture Capital-Investoren und streben nach einer Maximierung der Rendite auf das eingesetzte Kapital. Mögliche strategische Vorteile aus
diesen Aktivitäten sind aus der Sicht dieser Investoren keine relevante Entscheidungsgrundlage und werden bei tatsächlichem Anfall rein opportunistisch verwertet,
nicht jedoch gezielt angestrebt. Für strategisch motivierte Investoren hingegen ist e-

---

[75] Vgl. Roberts (1980), S. 135, oder Siemer (1991). Nathusius (1979a), S. 295ff., bringt die Di-
      versifikationsbemühungen durch Corporate Venture Capital-Programme auch in Verbindung
      mit der Möglichkeit einer letztendlichen Akquisition des Ventures durch das Mutterunterneh-
      men.
[76] Im Rahmen dieser Arbeit werden die Begriffe Strategie und Ziel synonym verwandt.
[77] Vgl. Brody/Ehrlich (1998), S. 55.

ben gerade dieses Auftauchen direkter oder indirekter strategischer Vorteile aus der Investition, z.B. durch das Erkennen technologischer Diskontinuitäten, die relevante Entscheidungsgrundlage. Zwar erwartet sich auch das strategisch motivierte Unternehmen eine positive Rendite aus der Investition, jedoch ist die finanzielle Dimension von nachrangiger Bedeutung.

Obwohl sich auf diesem Wege die finanzielle und strategische Zieldimension solcher Programme in gewisser Weise miteinander verbinden ließen, besteht dennoch ein deutlicher Konflikt zwischen beiden Zielen. Dieser besteht beispielsweise darin, dass ein bestimmtes Investitionsprojekt selbst zwar vielleicht eine hohe finanzielle Rendite verspricht, der strategische Nutzen aus diesem Projekt aber als recht gering einzuschätzen ist. Daher ist es für ein Unternehmen von größter Bedeutung, vor Initiierung des Corporate Venture Capital-Programms einen eindeutigen Schwerpunkt in der Grundzielsetzung dieses Programms zu legen, da eine gleichzeitige Maximierung der finanziellen und strategischen Zieldimension nicht möglich scheint.[78] Zwar müssen bei dieser Auseinandersetzung beide Aspekte eingehend thematisiert werden, dennoch darf nicht davon abgesehen werden, einen expliziten Schwerpunkt im finanziellen oder strategischen Bereich zu setzen.

Besteht nun ein Element der grundlegenden Unternehmensstrategie des gereiften Unternehmens darin, mittels der Institutionalisierung eines Corporate Venture Capital-Programms zu versuchen, die eigene Innovationskraft zu stärken, erscheint vor dem Hintergrund obiger Ausführungen eine rein finanzielle Ausrichtung der Aktivitäten eher weniger gut geeignet, die Erreichung dieses Ziels zu unterstützen. Im Gegensatz dazu scheint eine mehr strategische Fokussierung des Programms grundsätzlich besser geeignet, die Innovationskraft des Mutterunternehmens zu stärken.

3.3 Gestaltung von Corporate Venture Capital-Programmen

Um die Ausgestaltung der Corporate Venture Capital-Aktivitäten etablierter Industrienunternehmen in der Praxis zu beschreiben, werden zunächst die Möglichkeiten der Einbindung eines solchen Programms in die existierenden Aktivitäten des Unter-

---

[78] So haben verschiedene Studien (vgl. Gompers/Lerner 1998 oder Fast 1981), die sich auch mit den Ursachen für das Scheitern von Corporate Venture Capital-Programmen beschäftigen, das Fehlen eines eindeutigen Fokus in der Ausrichtung, sei dieser nun primär finanzieller oder strategischer Natur, als Hauptursache für ein Scheitern bzw. einen frühzeitigen Abbruch identifiziert.

nehmens dargestellt, um anschließend grundsätzliche strategische Stellgrößen bei der Konfiguration von Corporate Venture Capital-Programmen zu diskutieren.

3.3.1 Einbindung des Programms in die bestehende Organisation

Im Zusammenhang mit der Einbettung eines Corporate Venture Capital-Programms und der entsprechenden Venture-Einheit, in der die Corporate Venture Capital-Aktivitäten des Unternehmens gebündelt werden, in den bestehenden organisatorischen Kontext des Gesamtunternehmens muss auf eine optimale Konfiguration der Verbindungen zwischen Unternehmen und der Venture-Einheit geachtet werden.[79] Neben der strategischen Ausrichtung der Aktivitäten ist insbesondere die richtige Einbindung der Aktivitäten in das organisatorische Geschehen von entscheidender Bedeutung für den späteren Erfolg eines Corporate Venture Capital-Programms. Um eine erfolgreiche Übertragung des Venture Capital-Konzepts in den Kontext eines Industrieunternehmens zu gewährleisten, erscheint es grundsätzlich sinnvoll, dieses Modell soweit als nur möglich zu emulieren, es aber gleichzeitig an die spezifischen Bedürfnisse und Kontingenzfaktoren des Unternehmens und seines Umfeldes anzupassen.[80]

Um dies zu ermöglichen, sind zwei Dinge in Bezug auf die neue Venture-Einheit von entscheidender Bedeutung. Dies ist zum einen die Schaffung autonomer Bereiche innerhalb der Organisation, zum anderen die Prägung eines Gründungsdenkens in dieser neuen Einheit. Durch die Schaffung autonomer Bereiche innerhalb der etablierten Organisationsstruktur des Industrieunternehmens, in denen die Venture-Aktivitäten durchgeführt werden, kommt es zu einer Straffung der Vorgesetzten-Untergebenen-Beziehungen durch Abbau von Entscheidungshierarchien. Dadurch entsteht die Möglichkeit einer leistungsgerechteren Vergütung jenseits tradierter Tarifstrukturen bei gleichzeitiger starker Vergrößerung der individuellen Freiräume.[81] Insbesondere können durch die Etablierung autonomer Bereiche Bindungen zum etablierten Unternehmen abgebaut werden, wodurch sich die Kreativität und Initiative des Einzelnen besser entfalten kann. Auf diese Weise werden die verantwortlichen Manager der Ven-

---

[79]   Zur Institutionalisierung von ‚innovativen' Einheiten in großen Unternehmen bzw. Konzernen vgl. ausführlich Morner (1997), S. 133ff.

[80]   Diese These belegen auch eine Zahl von Studien, so z.B. Hardymon et al. (1983) oder Brody/Ehrlich (1998), S. 54, die den Erfolg einer Übertragung sehen „(…) in tailoring a VC program to their particular circumstances and capabilities while keeping in mind the essentials.".

[81]   Vgl. Forrester (1965), S. 5ff.

ture-Einheit quasi zu Eigentümer-Unternehmern, die ein eigenes Interesse an der Erreichung der vorgegebenen Ziele des autonomen Bereichs entwickeln.[82]

Mit der Prägung gründungsähnlichen Denkens und Handelns in dieser neuen, autonomen Venture-Einheit ist die Vorstellung verbunden, dass diese Einheit wohl nur dann
wirklich in der Lage ist, das Denken und Handeln der von ihr betreuten Ventures
wirklich zu verstehen und nachzuvollziehen, wenn es die entsprechenden Werte
selbst lebt. Durch eine bewusst knappe Ausstattung mit Ressourcen (Büroflächen,
Mitarbeiter, Gemeinkosten-Budgets usw.) von Seiten der Unternehmensleitung werden die Mitarbeiter und Führungskräfte dieser Venture-Einheit dazu gezwungen, sich
selbst mit der Situation einer selbständigen Unternehmensgründung auseinanderzu-
setzen. Auf diese Weise erlernen sie aus eigener Erfahrung mit den Problemen einer
Unternehmensgründung umzugehen und können diese Erfahrungen dann später selbst
bei der Selektion und Betreuung der Portfoliounternehmen anwenden.[83]

Als weiterer Grund wird auch genannt, dass auf diese Weise der Gefahr einer über-
steigert perfektionistischen Art der Projektgestaltung in gereiften Unternehmen begegnet werden kann, die zwar in der Lage ist, für wohldefinierte Abläufe optimale
Prozesse zu gestalten, dabei jedoch eben jenen Gestaltungsspielraum vernichtet, der
für einen Erfolg der Corporate Venture Capital-Aktivitäten vonnöten wäre.[84] Auch
laufen etablierte Unternehmen bei einer solchen Neugründung stets Gefahr, die neue
Einheit organisatorisch zu überfrachten und gleich zu Beginn eine (scheinbar) optimale Betriebsgröße vor dem Hintergrund der langfristigen strategischen Planung des
Unternehmens anzustreben, die natürlich dazu führen würde, dass die neue Einheit
von Anfang an mit einer aufwendigen und stark strukturierten und formalisierten
Aufbau- und Ablauforganisation versehen wäre.[85] Eine solche Organisation wäre
dann natürlich in keinster Weise geeignet, Verständnis gegenüber unternehmerischem
Handeln zu entwickeln.

Bei der Einbindung eines Corporate Venture Capital-Programms in den organisatorischen Kontext des Industrieunternehmens sind von der Unternehmensleitung im we-

---

[82] Vgl. Nathusius (1979a), S. 144.

[83] Vgl. Nathusius (1979a), S. 145f.

[84] Nathusius (1979a), S. 146, bezeichnet die Übernahme des Gründungsgedankens „(…) als be-
wusste Abkehr von der perfektionistischen und dabei stark freiheitsraumbeschränkenden Pro-
jektplanung und -abwicklung in gereiften Unternehmen.".

[85] Zu einer Betrachtung der optimalen Betriebsgröße in Bezug auf Unternehmen in der
Gründungsphase vgl. beispielsweise Leibenstein (1960), S. 265ff.

sentlichen zwei Entscheidungen zu treffen, die vor dem Hintergrund der oben skizzierten Grundsätze eines erfolgreichen Venture Managements kritisch zu prüfen sind.
Die erste Entscheidung betrifft die Frage, ob die Venture-Einheit eine eigene Rechtspersönlichkeit bekommen soll, oder ob sie nur als quasi virtueller Unternehmensbereich innerhalb der bestehenden Rechtsstruktur des Unternehmens bestehen soll. Um
das notwendige Maß an Selbständigkeit und Autonomie zu gewährleisten, erscheint
es geboten, die Venture-Einheit als eigenständige Rechtspersönlichkeit außerhalb der
existierenden Aktivitäten des Unternehmens zu etablieren.[86]

Die andere Entscheidung betrifft die Verteilung der Venture-Aktivitäten innerhalb
der Organisation, d.h. sollen alle Aktivitäten des Industrieunternehmens in einer einzelnen, zentral aufgehängten autonomen Venture-Einheit konzentriert werden, oder
sollen für die einzelnen organisatorischen Bereiche, d.h. Geschäftsfelder oder Regionen, eigene Einheiten etabliert werden, die entweder in alleiniger Verantwortung oder
in Zusammenarbeit mit einer zentralen Venture-Einheit handeln. Sofern auch dezen-
trale Einheiten der einzelnen Bereiche in die Venture-Aktivitäten eingebunden sind,
wird die Frage der Verteilung von Verantwortung und Entscheidungskompetenzen
zwischen zentraler und bereichsgebundener Venture-Einheiten hauptsächlich vor dem
Hintergrund der kulturellen Traditionen und dem Selbstverständnis der Organisation
und seiner Bereiche zu beantworten sein. In jedem Fall sollte darauf geachtet werden,
dass so etwas wie eine autonome zentrale Venture-Einheit besteht, die alle Venture-
Aktivitäten des Industrieunternehmens zentral koordiniert und integriert, um ein ge-
meinsames Lernen von Zentralstelle und der einzelnen Bereiche in Bezug auf das für
die Organisation doch meist wenig bekannte Venture Capital-Konzept zu ermöglichen.

3.3.2 Strategische Ausrichtung und Konfiguration des Programms

Betrachtet man die Literatur, die sich mit der praktischen Gestaltung von Venture-
Programmen befasst, so fällt als meistgenannte Unterscheidung die zwischen internen
und externen Beteiligungsformen auf.[87] Ansatzpunkt für diese Unterscheidung ist die
Position der Gründungseinheit (des Ventures). Während das Venture bei internem

---

[86] Zwar weist Nathusius (1979a), S. 259, auch auf die Bedeutung der faktischen Unabhängigkeit
der Venture-Einheit jenseits rein rechtlich-formaler Vereinbarungen hin, dennoch aber aner-
kennt er die Unterstützung einer formal-rechtlichen Unabhängigkeit der Venture-Einheit bei
der Erlangung faktischer Autonomie.

[87] Vgl. zu dieser Unterscheidung auch Nathusius (1979a), S. 156ff., oder Brody/Ehrlich (1998),
S. 56ff.

Fokus in der einen oder anderen Form aus dem Mutterunternehmens heraus entstanden ist, stützt sich das Venturing mit externem Fokus auf Gründungseinheiten, deren Ursprung außerhalb des Unternehmens zu suchen ist.

(1) *Interne Venture-Aktivitäten* richten sich an die originären Mitarbeiter des Mutterunternehmens. Ziel dieser Aktivitäten ist die bessere Nutzung der Kreativität und des Innovationspotentials der eigenen Mitarbeiter und die Schaffung eines unternehmerisch geprägten Umfeldes innerhalb des Mutterunternehmens. Grundsätzlich wird durch solche Programme den Mitarbeitern die Möglichkeit gegeben, eigene Produktideen zu verfolgen, ohne notwendigerweise das bisherige Unternehmen verlassen zu müssen. Diese Programme weisen zwar durchaus eine gewisse Affinität zu dem auf, was weiter oben als Intrapreneurship beschrieben wurde, gehen aber insofern deutlich darüber hinaus, als dass für diese neue Produktidee nicht nur eigene Projektaktivitäten innerhalb der Organisation initiiert werden, sondern diese Projektaktivitäten in aller Regel in der Ausgründung eines eigenständigen Tochterunternehmens münden, das außerhalb der existierenden Planungs- und Kontrollmechanismen des Mutterunternehmens arbeiten kann.[88] In den allermeisten Fällen wird das Mutterunternehmen Mehrheitseigner des neuen Unternehmens und hat daher selbstverständlich ein existentielles Interesse am Erfolg des Ventures. Aus diesem Grund wird das junge Unternehmen auch vom Mutterunternehmen auf seinem Wachstumspfad stets unterstützend begleitet, insbesondere durch Bereitstellung von erfahrenen Führungskräften oder Industriekontakten, Zugriff auf unternehmenseigene Ressourcen oder durch allgemeine Beratungsleistungen, beispielsweise in Steuer- oder Rechtsfragen.

Solche Spin-Off-Aktivitäten werden in der Praxis in ‚Spin-Ups' auf der einen Seite, und ‚Spin-Outs' auf der anderen Seite unterschieden.[89] Bei *Spin-Ups* handelt es sich um die Förderung Erfolg versprechender Ideen von Mitarbeitern, die durch Ausgliederung aus der etablierten Organisationsstruktur des Mutterunternehmens den notwendigen kreativen Freiraum erlangen. Hierbei hat das Mutterunternehmen ein starkes Interesse am Erfolg eines solchen Spin-Ups, da es sich aus dem neuen Produkt Synergien oder eine Ergänzungen des existierenden Produktportfolios verspricht. *Spin-Outs* hingegen sind solche Produktideen, die zwar gleichsam Erfolg ver-

---

[88] In der Praxis wird diese Ausgliederung meist mit dem Begriff Spin-Off bezeichnet. Vgl. zu einer Auseinandersetzung mit diesem Begriff Maselli (1997), S. 25ff.

[89] Vgl. Hamel (1999).

sprechend sind, für die im Mutterunternehmen jedoch keine Verwendung besteht.[90] Hier wird aber im Gegensatz zum Spin-Up meist nicht versucht, die Forschungsergebnisse des Ventures später im Mutterunternehmen sinnvoll einzusetzen, sondern es gewinnbringend zu veräußern, z.b. an die Börse oder an ein anderes Industrieunternehmen.

Bezüglich ihrer strategischen Ausrichtung sind interne Venture-Aktivitäten, wie gerade gezeigt wurde, relativ zieloffen. Während Spin-Ups vor allem durch den Versuch einer besseren Nutzung des kreativen Potentials insbesondere der FuE-Mitarbeiter und möglicher Synergiepotentiale zwischen Venture und Mutterunternehmen getrieben werden, steht bei Spin-Outs die Erzielung einer positiven finanziellen Rendite im Sinne klassischer Venture Capital-Investitionen im Vordergrund. Der Versuch, unternehmerisch motiviertes Denken und Handeln innerhalb des Unternehmens zu fördern, spielt stets eine wichtige Rolle und ist beiden Ausprägungen gleichermaßen gemein.[91]

Die Organisation solcher interner Ventures gestaltet sich in der Praxis recht unterschiedlich.[92] Die gängigste Form ist die Gründung einer neuen Tochtergesellschaft, die als Venture-Einheit den Auftrag erhält, die entsprechenden Aktivitäten des Mutterunternehmens zu koordinieren und zu gestalten. In der Regel existiert in dieser Venture-Einheit so etwas wie ein *'Venture Board'*, also eine interne Prüfungsinstanz, die das Potential einzelner Vorschläge, die an sie herangetragen werden, prüft und über Form und Höhe einer etwaigen Beteiligung entscheidet. Diese Tochter verfügt meist über eine fest zugewiesene Menge an Kapital und anderen Ressourcen, die ihr vom Mutterunternehmen zu Beginn zur Verfügung gestellt wurden, um förderungswürdige Projekte zu identifizieren und zu unterstützen.

(2) *Externe Venture-Aktivitäten* hingegen zielen nicht auf die Förderung interner Produktideen, sondern auf die Unterstützung externer Unternehmen und Unternehmensgründungen und die Möglichkeit der Nutzung externer Innovationspotentiale durch das Mutterunternehmen ab. Im Vordergrund steht hier der Erkenntnisgewinn in Bezug auf neue technologische Entwicklungen und Ideen, die außerhalb des Industrieunternehmens existieren. Über eine kapitalmäßige Bindung und die Gewährung von

---

90   In der Regel ist dies dann der Fall, wenn die Produktidee nicht mit dem bestehenden Produktportfolio oder der Geschäftsstrategie des Mutterunternehmens übereinstimmt.

91   Vgl. auch Brody/Ehrlich (1998), S. 56.

92   Vgl. zu einer Diskussion der Vor- und Nachteile unterschiedlicher Organisationsformen interner Ventures Block/McMillan (1995), S. 151ff.

Management-Unterstützung will das Mutterunternehmen von dem kreativen und innovativen Potential des finanzierten Ventures profitieren. Diese Verbindung soll dergestalt sein, dass dem Unternehmen auf diesem Wege zum einen Einblicke in die Entstehung und Entwicklung möglicher zukünftiger Schlüsseltechnologien oder Zukunftsmärkte gewährt werden, und es auf der anderen Seite über den direkten Kontakt zu diesen Ventures auch von den technologischen Fähigkeiten des Ventures lernen kann, vor allem in Bezug auf solche potentiellen Zukunftstechnologien.

In der Praxis ergeben sich für Industrieunternehmen zwei Möglichkeiten, externe Venture-Aktivitäten zu gestalten, nämlich auf indirektem oder direktem Wege.[93]

(1) *Indirekte Venture-Aktivitäten* zeichnen sich grundsätzlich dadurch aus, dass zwischen investierendem Industrieunternehmen und jungem Venture ein externer Intermediär, meist in Form eines professionell gemanagten Venture Capital-Fonds, steht. Die Venture Capital-Gesellschaft übernimmt wesentliche Teile des Corporate Venture Capital-Prozesses für das Mutterunternehmen. Das Industrieunternehmen ist in diesem Fall nur Anteilseigner am Fonds, über die Investition in einzelne Portfoliounternehmen jedoch entscheidet in den meisten Fällen die Venture Capital-Gesellschaft. Eine solche Konfiguration ist stark an das im zweiten Kapitel diskutierte herkömmliche Venture Capital-Modell angelehnt, mit dem einen bedeutsamen Unterschied, dass der industrielle Investor trotz der Einschaltung eines professionellen Venture Capital-Fonds auch strategische Ziele verfolgt. Allerdings beschränken sich die strategischen Motive in einer solchen Situation meist auf das Kennen lernen der Funktionsmechanismen der Venture Capital-Industrie.

Will ein Industrieunternehmen mit einem indirekten Corporate Venture Capital-Programm darüber hinaus jedoch auch noch strategische Ziele in Bezug auf technologische Entwicklungen realisieren, dann bieten sich dem Unternehmen so genannte dedizierte oder spezialisierte, jeweils von professionellen Venture Capital-Gesellschaften betreute Fonds, an.[94] *Dedizierte Fonds* zeichnen sich dadurch aus, dass die Gruppe der Investoren nur aus einem einzelnen Industrieunternehmen besteht. Damit kann der Fonds speziell auf die Bedürfnisse des einen Investors ausgerichtet werden. Dieser hat damit auch weitgehende Informations- und Entscheidungsrechte im Hinblick auf die Portfoliounternehmen. Die Venture Capital-Gesellschaft übernimmt in

---

[93] Nach einer Untersuchung von Yates/Roberts (1991), S. 1, bilden indirekte Investitionen den Großteil aller Corporate Venture Capital-Investitionen.

[94] Vgl. auch Schween (1996), S. 122f.

diesem Fall als Dienstleister nur das Management des Fonds. *Spezialisierte Fonds* hingegen zeichnen sich durch eine Fokussierung auf bestimmte Branchen, Technologien oder Regionen aus. Für die Investoren solcher Fonds, die meist Industrieunternehmen sind, steht die Technologiebeobachtung im Vordergrund, da die Management-Gesellschaft den Investoren regelmäßig aktuelle Berichte über die Entwicklungen ihrer Ventures zukommen lässt. Selbstverständlich sind auch beliebige Kombinationen aus spezialisierten und dedizierten Fonds denkbar.

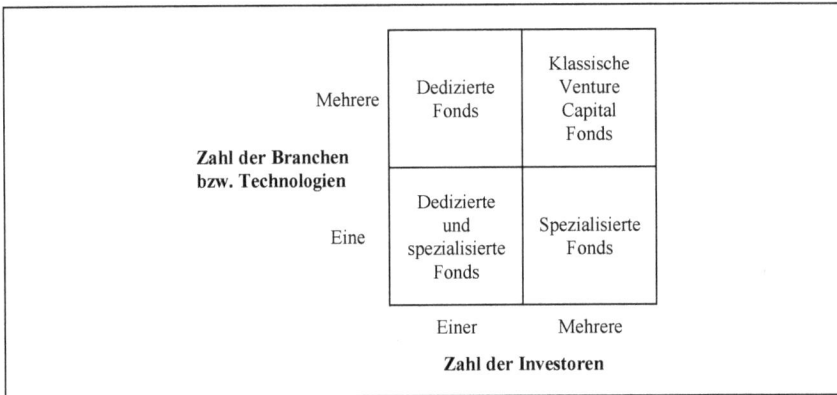

		Einer	Mehrere
Zahl der Branchen bzw. Technologien	Mehrere	Dedizierte Fonds	Klassische Venture Capital Fonds
	Eine	Dedizierte und spezialisierte Fonds	Spezialisierte Fonds
		Einer	Mehrere
		Zahl der Investoren	

Abb. 3-1:   Formen indirekter Corporate Venture Capital-Finanzierungen (Quelle: Schween 1996, S. 122)

Andere strategische Ziele wie die Stärkung des Unternehmertums oder der Technologietransfer stehen bei indirekten Venture-Aktivitäten eher im Hintergrund, da sie bei dieser Form der Konfiguration wohl auch nur schwer zu realisieren wären. Die Hauptursache, weshalb die Übertragung von Wissen in das Mutterunternehmen nicht möglich ist, liegt in den lizenz- und kartellrechtlichen Vorschriften der einzelnen Länder. Sofern es sich nicht um einen dedizierten Fonds mit nur einem Investor handelt, beteiligen sich in der Regel mehrere Industrieunternehmen derselben Branche an einem solchen Fonds. Aufgrund der Konkurrenzsituation zwischen den Investoren ist es zwar möglich, allen die gleichen Informationen über die finanzierten Ventures zukommen zu lassen, darüber hinausgehende Lizenzierung oder andere Formen des Technologietransfers sind nicht zulässig. Selbst wenn es rechtlich zulässig wäre, würde es aber mit Sicherheit zu heftigen Auseinandersetzungen zwischen den Investoren kommen, wenn es um Lizenzvereinbarungen zwischen einem Venture und einem der Investoren kommen würde.

Da der Corporate Venture Capital-Prozess großteils von der Management-Gesellschaft durchgeführt wird, ist die Gründung einer eigenen Venture-Einheit bei primär indirekt ausgerichteten Corporate Venture Capital-Aktivitäten meist nicht notwendig. Oft werden solche Engagements in enger Verbindung mit den übrigen Finanzanlageentscheidungen des Unternehmens getroffen und auch entsprechend organisatorisch eingebunden.[95]

(2) *Direkte Venture-Aktivitäten* hingegen verzichten auf die Zwischenschaltung eines Intermediärs in Form einer professionellen Venture Capital-Gesellschaft. Die im Rahmen des Corporate Venture Capital-Prozesses anfallenden Aufgaben werden vom Mutterunternehmen bzw. von einer für diesen Zweck gegründeten Venture-Einheit selbst übernommen. Das Mutterunternehmen bzw. deren Venture-Einheit erwirbt in aller Regel direkte Beteiligungen an den Portfoliounternehmen. Je nach strategischem Interesse und Größe oder Risiko der Investition erwirbt das Industrieunternehmen Minder- oder Mehrheitsbeteiligungen. Beim Erwerb von Minderheitsbeteiligungen werden die übrigen Anteile oft von anderen Unternehmen oder professionellen Venture Capital-Fonds gehalten.

In der Regel werden direkte Venture-Aktivitäten durch eine eigens für diesen Zweck geschaffene Tochter des Industrieunternehmens organisiert und gesteuert. In diesem Sinne entspricht diese Konstruktion in etwa einem dedizierten Fonds mit dem wesentlichen Unterschied, dass das Fonds-Management nicht von einer professionellen Venture Capital-Gesellschaft, sondern von der eigenen Venture-Einheit des Mutterunternehmens durchgeführt wird. Oftmals allerdings wird die Leitung eines solchen firmeneigenen Fonds von einem erfahrenen Venture Capital-Manager beraten und unterstützt, insbesondere dann, wenn das Industrieunternehmen noch nicht über genügend eigene Erfahrung mit diesem neuen Konzept Venture Capital verfügt. Der Venture-Einheit wird von der Unternehmensleitung meist zu Beginn ein fester Geldbetrag zur Verfügung gestellt, über den die Einheit als Investitionskapital frei verfügen kann. Dieses Kapital bildet dann quasi einen von der eigenen Venture-Einheit verwalteten Corporate Venture Capital-Fonds, aus dem heraus Beteiligungen an jungen Unternehmen finanziert werden.[96]

---

[95] Vgl. Schween (1996), S. 120f.

[96] In der Praxis finden sich eine Vielzahl unterschiedlichster Formen externer Corporate Venture Capital-Aktivitäten (vgl. Roberts 1980, S. 135f., oder Block/McMillan 1995, S. 151ff.). Im Zusammenhang dieser Arbeit sind allerdings nur solche Programme von Interesse, die von großen Unternehmen durchgeführt werden und einen gewissen finanziellen und zeitlichen Umfang ha-

Betrachtet man die Zielsetzung direkter Venture-Aktivitäten, dann stehen strategische Überlegungen meist deutlich im Vordergrund.[97] Allein schon aufgrund des hohen Management-Aufwands und der hohen Startkosten wären für primär finanziell motivierte Unternehmen indirekte Venture-Aktivitäten unter Zuhilfenahme professioneller und etablierter Venture Capital-Gesellschaften mit Sicherheit zielführender. Wegen der direkten kapitalmäßigen Beteiligung an den Ventures können technologisch begründete Zielvorstellungen aufgrund der direkten Einwirkungs- und Informationsmöglichkeiten der Anteilseigner leichter realisiert werden, was dazu führt, dass direkte Venture-Programme sowohl für Technologiebeobachtung als auch für einen möglichen Technologietransfer intuitiv besonders geeignet scheinen. Aber auch strategische Ziele, die eine Stärkung des Unternehmertums im Mutterunternehmen zum Inhalt haben, lassen sich auf diesem Wege eher realisieren. Dies kann beispielsweise dadurch geschehen, dass Mitarbeiter des Mutterunternehmens im Rahmen von Betreuungsleistungen eng mit dem Venture zusammenarbeiten, und dadurch ein Gefühl für die Funktionsweise und das Klima in Gründungseinheiten bekommen können. Auch ist denkbar, dass erfahrene Manager des Mutterunternehmens, die für sich gerne einen größeren unternehmerischen Freiraum beanspruchen würden, die Leitung eines Portfoliounternehmens übernehmen. Dadurch kommen sie in den ‚Genuss' eines größeren unternehmerischen Freiraums, ohne auf diese Weise dem Unternehmen verloren zu gehen.

3.4 Zusammenfassung und Fazit

Industrielle Investoren verbinden mit der Institutionalisierung eines Corporate Venture Capital-Programms in ihrem Unternehmen neben der Hoffnung auf positive Kapitalrenditen vor allem die Erwartung einer positiven Rückwirkung auf die Kernbereiche des Unternehmens, insbesondere Geschäftsfelder, Produkte und Technologien. Eine solche positive Rückwirkung kann z.B. dergestalt sein, dass die innovative Produktidee eines Portfoliounternehmens dabei hilft, die Qualität oder den Funktionsumfang eines Produkts des Mutterunternehmens zu verbessern, oder dass mittels des Produkts eines Portfoliounternehmens neue Märkte erschlossen werden können. In

---

ben. Aus diesem Grund beschränken wir uns im Folgenden bei externen Programmen auf die oben skizzierte Fonds-Struktur mit einer eigenen Venture-Einheit, um die interessierenden Zusammenhänge besser veranschaulichen zu können.

[97] Vgl. Schween (1996), S. 131.

jedem Fall versucht das Mutterunternehmen, die spezifischen Vorteile kleiner Unternehmen gezielt zu nutzen und die daraus gewonnenen Vorteile im Sinne der Strategie des Mutterunternehmens einzusetzen.

Industrieunternehmen sehen ihre eigenen Venture-Aktivitäten in der Regel als einen Weg unter mehreren, ihre originäre Unternehmensstrategie zu realisieren. In diesem Sinn dient die strategische Ausrichtung eines Corporate Venture Capital-Programms stets nur der Verbesserung des Zielereichungsgrades der grundlegenden Unternehmensstrategie.[98] Daher stehen strategische Ziele für industrielle Investoren im Vordergrund, da hohe finanzielle Renditen auch auf anderem Wege erzielbar sind.

Je nachdem, ob eher technologische Aspekte oder mehr die Stärkung unternehmerischen Denkens und Handelns im Vordergrund stehen, bieten sich nach außen (für Technologieaspekte) oder nach innen (für Unternehmertum) ausgerichtete Corporate Venture Capital-Programme an. Für den Fall allerdings, dass mit der Institutionalisierung eines Corporate Venture Capital-Programms vor allem der Versuch unternommen, die grundsätzliche Innovationskraft des Mutterunternehmens zu stärken, hat sich eine ausgewogene Ausrichtung gleichermaßen nach innen und außen als sinnvoll erwiesen.

Ein solches, nach innen und außen hin ausgewogenes Programm kann beispielsweise dadurch realisiert werden, indem das Mutterunternehmen eine eigene Venture-Einheit mit eigener Rechtspersönlichkeit schafft, die mit einem hohen Maß an Autonomie und Unabhängigkeit (verglichen mit den übrigen Geschäftsfeldern des Unternehmens) versehen wird. Dieser Tochter wird dann durch das Mutterunternehmen einmalig ein bestimmter Geldbetrag zur Verfügung gestellt, der quasi den Venture Capital-Fonds der Tochter konstituiert. Die Venture-Einheit kann dann mit dem Geld nach eigenen Überlegungen Spin-Off-Kandidaten aus der Mitte des Unternehmens unterstützen oder sich an externen, Erfolg versprechenden Ventures, aber auch an ausgewählten professionell betreuten Venture Capital-Fonds beteiligen. Auf diese Weise kann das Corporate Venture Capital-Programm das Mutterunternehmen auch in seinem Bemühen nach einer Stärkung der Innovationskraft unterstützen, da sowohl die strategischen Aspekte des ‚Window on Technology' als auch des Unternehmertums unterstützt werden.

---

[98] Allerdings gibt es auch Beispiele, wo Corporate Venture Capital-Programme nicht zur Unterstützung der Kernaktivitäten des Unternehmens genutzt wurden, sondern dafür, das Unternehmen in seiner ganzen strategischen Ausrichtung auf gänzlich neue Bereiche zu transformieren (vgl. Day/Wendler 1998, S. 27f.).

4 Exkurs: Das Corporate Venture Capital-Programm des Siemens-Konzerns

Nachdem in den beiden vorhergehenden Kapiteln die typischen Merkmale herkömmlicher Venture Capital-Finanzierungen und Corporate Venture Capital-Programme skizziert wurden, soll im folgenden anhand eines prominenten Beispiels aus dem deutschen Wirtschaftsraum kurz dargestellt werden, welche Gestalt das Corporate Venture Capital-Programm eines großen Industriekonzerns in der Praxis annehmen kann.

Das Beispiel Siemens wurde ganz bewusst aus zwei Gründen gewählt. Zum einen soll gezeigt werden, dass man dem Phänomen Corporate Venture Capital durchaus nicht nur im amerikanischen Wirtschaftsraum begegnen kann, wie dies ein Blick in die meist angloamerikanische Literatur zu suggerieren scheint, sondern durchaus auch im deutschen Raum, wenn auch zugegebenermaßen mit einer deutlichen zeitlichen Verzögerung. Zum anderen weist das Beispiel Siemens für Corporate Venture Capital in Deutschland quasi Pilotcharakter auf, da Siemens das erste große deutsche Industrieunternehmen war, das ein explizites Corporate Venture Capital-Programm initiiert hatte, und welches noch heute, wenn auch in anderer Form, existiert.

Aufgrund seines langen Fortbestandes war dieses Programm natürlich auch einigen Veränderungen unterworfen. Entlang dieser Entwicklung der Venture-Aktivitäten der Siemens AG ist auch dieses Kapitel aufgebaut.

4.1 Die Venture Capital Beteiligungsgesellschaft mbH

Um das Potential von Venture Capital als neuer Form der Innovationsfinanzierung für sich zu nutzen, gründete Siemens bereits 1983 die ‚Venture Capital Beteiligungsgesellschaft mbH' (VCB), eine hundertprozentige Tochter des Konzerns.[99] Damit war Siemens das erste große deutsche Unternehmen, das Corporate Venture Capital-Aktivitäten unterhielt und gleichzeitig nicht im Finanzsektor angesiedelt war. Bis zu diesem Zeitpunkt waren es vor allem Unternehmen der Finanzbranche, allen voran Banken und Versicherungen, aber auch staatliche und halbstaatliche Institutionen, die als

---

[99] Vgl. Martin (1983).

Investoren auf dem bis dahin wenig entwickelten deutsche Venture Capital-Markt auftraten.[100]

Während für andere Investoren speziell aus dem finanziellen und öffentlichen Sektor die Erwirtschaftung eine hohe finanzielle Rendite oder auch wirtschaftspolitische Gesichtspunkte im Vordergrund standen, war für Siemens als industriellem Investor der Zugang zu und Nutzung von technologischen Innovationen kleiner Unternehmen, also Öffnung eines Window on Technology, von Anfang an ausschlaggebend.[101]

Um die vorgegebenen strategischen Ziele erreichen zu können, stützte sich die VCB im Wesentlichen auf drei Säulen:[102]

- Eine erste Aufgabe war die *direkte Beteiligung* an zukunftsträchtigen, jungen Unternehmen durch den Erwerb von Eigenkapitalanteilen. Manche dieser Unternehmen verfolgten eher grundlagentheoretische Innovationen und waren somit für die operativen Einheiten des Konzerns nicht von direktem Interesse, sondern dienten vielmehr dazu, die technologischen Grundlagenerkenntnisse des Konzerns zu erweitern. Andere Unternehmen, an denen die VCB Beteiligungen erwarb, verfolgten bereichsübergreifende oder auch bereichsspezifische anwendungsorientierte Innovationen, die natürlich für die geschäftsführenden Bereiche von direktem Interesse waren. Diese Investitionen wurden in Zusammenarbeit mit den geschäftsführenden Bereichen und dem Zentralbereich Technik, der bereichsübergreifende und grundlagentheoretische Forschungsaktivitäten durchführte, geplant und koordiniert. Die Durchführung lag allerdings allein bei der VCB.

- Eine weitere Aufgabe lag in der Schaffung von strukturellen, organisatorischen und anderen notwendigen Voraussetzungen, die für die Entstehung von *Spin-Offs* im Unternehmen notwendig sein würden. Ziel war es, Mitarbeitern die Möglichkeit zu geben, eigene Produktideen innerhalb des Unternehmens eigenständig zu verfolgen, um diese Projekte dann schlussendlich entweder komplett zu verkaufen oder in den Konzern zu re-integrieren, je nachdem, ob die verfolgte Produktidee zur Konzernstrategie passte oder nicht. Zum einen mussten diese Aktivitäten mit dem bestehenden Vorschlagswesen abgestimmt werden, zum anderen muss-

---

[100]   Zu einer detaillierten Übersicht über den damaligen deutschen Venture Capital-Markt vgl. Schmidtke (1985), S. 98ff.

[101]   Vgl. Siemens (1999b), S. 3.

[102]   Vgl. auch Hardenberg (1989), S. 158ff., 190ff.

ten Kriterien für und Formen der Beteiligung bzw. Unterstützung innovativer I-
deen der eigenen Mitarbeiter entwickelt werden.

- Die dritte und letzte wesentliche Aufgabe dieser neuen Gesellschaft bestand in
  der *zentralen Koordination* aller direkten und indirekten Venture Capital-Aktivitäten weltweit für den gesamten Siemens-Konzern. In der Vergangenheit sind die
  einzelnen geschäftsführenden Bereiche des Siemens-Konzerns bereits eigene
  Venture Capital-Engagements eingegangen, sowohl in Form direkter Kapitalbeteiligungen als auch vereinzelt in Form von Beteiligungen an Venture Capital-
  Fonds im In- und Ausland. Diese Aktivitäten wurden aber bisher nie von zentraler Stelle koordiniert, wodurch der Erfahrungsgewinn aus dem Umgang mit dem
  neuen Finanzierungsinstrument Venture Capital auf die entsprechenden Bereiche
  beschränkt war, für den Gesamtkonzern jedoch recht gering war. Aufgabe der
  VCB war nun die Koordination der Aktivitäten der einzelnen Bereiche, die Vermittlung von Ansprechpartnern und der Aufbau eines entsprechenden Erfah-
  rungspools. Allerdings hatte die VCB diesbezüglich nur beratende Funktion und
  keine Durchgriffs- und Einspruchsrechte in die operativen Bereiche des Konzerns.

Das gesamte Investitionsvolumen der VCB über die Lebensdauer der Gesellschaft
von 1983 bis 1998 betrug ca. 80 Mio. Euro. Der größte Teil, nämlich 75 Mio. Euro,
floss über indirekte Beteiligungen in Venture Capital-Fonds im In- und Ausland. Der
Großteil davon wiederum floss in Fonds-Investitionen der ebenfalls 1983 gegründeten deutschen Venture Capital-Gesellschaft ‚Techno Venture Management' (TVM).
Das Besondere an diesen Investitionen und dieser Gesellschaft war, dass die Siemens
AG über die Venture-Tochter VCB neben der Investoren-Rolle selbst auch Grün-
dungsmitglied und Gesellschafter dieser Venture Capital-Gesellschaft war, wobei der
ursprüngliche Anteil von 31,25 Prozent mit der Zeit auf mittlerweile 27,5 Prozent zurückgeführt wurde, indem den Geschäftsführen der Verwaltungsgesellschaft entsprechend Anteile angeboten wurden. Der von TVM 1984 aufgelegte Fonds war der erste
von Industrieunternehmen dominierte deutsche Venture Capital-Fonds, und somit das
erste Auftreten von Corporate Venture Capital-Fonds in Deutschland.[103]

---

[103] Einziger nicht-industrieller Investor war die Deutsche Bank mit einem Anteil von 17 Prozent,
unter den übrigen Investoren waren so bekannte Industrieunternehmen wie Bayer, Daimler-
Benz, Mannesmann und MBB (vgl. Schween 1996, S. 32).

Die übrigen 5 Mio. Euro wurden für direkte Eigenkapitalinvestitionen in interne oder externe Ventures aufgebracht. Im Zusammenhang mit Beteiligungen an externen Ventures trat die VCB als ‚echter' Venture Capital-Investor auf, indem sie selbst die Auswahl, Bewertung und Finanzierung, aber auch die Beratung und Betreuung der Ventures übernahm. Schwerpunkt der direkten Investitionen war allerdings die Förderung interner Ventures mittels so genannter ‚interner Projektförderungen'. Die Finanzierung dieser Spin-Offs vollzog sich aber meist nicht in Form von Eigenkapitalbeteiligungen, sondern durch die Vergabe ‚externer Entwicklungsaufträge' an das Venture.[104] Auf diese Weise konnte Siemens Zugang zu interessanten Technologiefeldern bekommen und dem Venture den hierfür notwendigen kreativen Freiraum geben, ohne langfristige kapitalmäßige Engagements eingehen zu müssen.[105]

Zwar lieferten die Venture-Aktivitäten der VCB über die Zeit stets eine attraktive Verzinsung von fast 15 Prozent IRR, und einige Spin-Off-Unternehmen konnten sogar erfolgreich an andere Industrieunternehmen veräußert werden, dennoch wurden die Möglichkeiten des Corporate Venture Capital mit der Zeit immer weniger genutzt und die VCB verkümmerte immer mehr zu einer reinen Verwaltungsgesellschaft, die die Interessen der Siemens AG als Gesellschafter der TVM wahren sollte.

Mit der zunehmenden strategischen Neuausrichtung des Konzerns seit Mitte der 90er Jahre in Richtung auf die zukunfts- und wachstumsträchtigeren Felder der Kommunikations-, Medizin- und Informationstechnologie und der zunehmenden Abkehr von traditionellen Industrien rückten auch die Möglichkeiten und Chancen eines Corporate Venture Capital-Programms wieder mehr und mehr in den Mittelpunkt.

4.2 Die Neuausrichtung: Die Siemens Venture Capital GmbH

Im Oktober 1998 beschloss die Unternehmensleitung eine umfassende Neuausrichtung der Venture-Aktivitäten des Siemens-Konzerns. Zwar hatte man mit der VCB, zumindest was die finanziellen Erwartungen anbetraf, in der Vergangenheit durchwegs positive Erfahrungen gemacht, die strategischen Ziele wurden jedoch aus der Sicht der Unternehmensleitung nicht oder nur ungenügend erreicht. Darüber hinaus

---

[104] Vgl. Hardenberg (1989), S. 201ff.

[105] Die Tatsache, dass mittlerweile jenseits einer Vergabe externer Entwicklungsaufträge an die Ventures in den allermeisten Fällen auch eine direkte Kapitalbeteiligung eingegangen wird, scheint gegen den Erfolg dieses zur damaligen Zeit doch recht unüblichen Vorgehens zu sprechen.

war festzustellen, dass die Wettbewerber, angetrieben von Globalisierung und immer kürzer werdenden Innovationszyklen, selbst vermehrt Corporate Venture Capital-Programme als strategische Option jenseits finanzieller Ziele einzusetzen versuchten. Auch hatten einzelne Bereiche in eigener Verantwortung erste kleinere Venture-Einheiten gegründet, jedoch gab es keine bereichsübergreifende Einheit, die diese Aktivitäten koordiniert und als globales Venture Capital-Interface für den gesamten Konzern nach außen fungiert hätte, da die VCB in ihrer Tätigkeit stark zurückgeschraubt wurde. Als Antwort auf diese Entwicklungen wurden die Aufgaben und Verantwortungen im Rahmen der Venture-Aktivitäten des Konzerns neu organisiert und in einem ersten Schritt die VCB in ‚Siemens Venture Capital GmbH' (SVC) umbenannt.

Kern der Neuorganisation war die Etablierung des ‚Siemens New Ventures Network'. Zu diesem Netzwerk gehören neben der SVC die bestehenden Venture-Einheiten der einzelnen geschäftsführenden Bereiche und die Venture-Funktion der Zentralabteilung Technik (ZT). Die Ziele dieses Netzwerks sind im Wesentlichen „(…) die Entwicklung neuer Technologien und Märkte, die Zusammenarbeit mit innovativen Unternehmen sowie (…) aktive Partizipation an deren Wertsteigerung".[106]

Um diese Ziele zu erreichen, nutzt Siemens die Möglichkeiten von Corporate Venture Capital auf folgenden drei Wegen: interne Ventures von einem oder mehreren geschäftsführenden Bereichen zur Umsetzung innovativer Geschäftsideen außerhalb der bestehenden Geschäftseinheiten, direkte Finanzbeteiligungen an externen Ventures (außerhalb von Siemens), sowie Investitionen in Venture Capital-Fonds.[107]

Im Rahmen des ‚Siemens New Ventures Network' wurden die Aufgaben und Verantwortungen der einzelnen beteiligten Stellen grundsätzlich neu organisiert. In einigen der einzelnen operativ eigenständigen Bereiche des Siemens-Konzerns gab es bereits seit einiger Zeit eigene Venture-Einheiten mit Aktivitäten im In- und Ausland. Die Aufgabe dieser bereichseigenen Einheiten war ab jetzt die Förderung interner Ventures im eigenen Bereich und Durchführung Erfolg versprechender Spin-Offs, sowie Beteiligung an externen Ventures, die in bereichsverwandten Geschäftsfeldern forschen und arbeiten. Sofern es sich um Ventures handelt, die auch an Technologiefeldern anderer Bereiche oder Geschäftsfelder arbeiten, dann müssen diese entsprechend mit eingeschaltet werden.

---

[106]   Vgl. Siemens (1999a), S. 37.
[107]   Vgl. Siemens (1999c).

Aufgabe der Zentralabteilung Technik war und ist ganz allgemein die Grundlagenforschung und die Entwicklung von Technologien, die für das Unternehmen von Be-
reichsübergreifendem Interesse sein könnten. In Verbindung mit den Venture-Aktivitäten des Konzerns stellt ZT zunächst einmal selbst einen Inkubator für neue technologische Innovationen, die als Spin-Off ‚enden' können, dar. Darüber hinaus hat ZT
jedoch vor allem beratende Funktion in technologischen Fragen, die von allen Beteiligten des Venture-Netzwerks genutzt werden kann, insbesondere auch von den Ventures, an denen der Konzern beteiligt ist, unabhängig davon, ob es sich dabei um
Spin-Offs oder externe Ventures handelt.

Die SVC als dritter Beteiligter hat im Wesentlichen drei Aufgaben: zunächst einmal
dient sie als zentrale Informations- und Know-how-Drehscheibe für alle Venture Ca-
pital-Themen im gesamten Unternehmen. In dieser Funktion ist sie auch Ansprechpartner für junge Unternehmen, die sich auf der Suche nach Venture Capital an den
Siemens-Konzern wenden können. Eine zweite Aufgabe liegt in der Beratung und
Betreuung der Ventures, bei denen Siemens eine direkte Kapitalbeteiligung eingegangen ist, unabhängig davon, ob es sich um Spin-Offs oder externe Ventures handelt.
Insofern dient die SVC diesen Unternehmen als Informationsschnittstelle, da sie ent-
sprechende Ansprechpartner im Konzern kennt und für das Venture die notwendigen
Kontakte herstellen kann. Der dritte Schwerpunkt der SVC sind schließlich Venture
Capital-Investitionen unterschiedlicher Art. Neben Co-Investments in interne und externe Ventures der einzelnen Unternehmensbereiche zum Zweck der Risikodiversifi-
kation beteiligt sich die SVC vor allem an verschiedenen Venture Capital-Fonds im
In- und Ausland. Gemäß den Vorgaben der Unternehmensleitung ist es allein der
SVC gestattet, solche Fonds-Investitionen zu tätigen. Der Grund hierfür ist, dass die
von einem Fonds finanzierten Unternehmen, sofern es sich nicht um einen hochgra-
dig spezialisierten Fonds handelt, meist in unterschiedlichsten technologischen Feldern tätig sind, ein einzelner geschäftsführender Bereich aber diese technologische
Bandbreite wohl kaum für sich allein voll zu nutzen in der Lage wäre. Die SVC hingegen als zentrale Informationsdrehscheibe kann die aus den Fonds-Beteiligungen
gewonnenen technologischen Erkenntnisse im Unternehmen besser verteilen.

Bis im Jahr 2000 hatte der gesamte Siemens-Konzern, d.h. SVC und Venture-Einheiten der Bereiche, auf diese Weise bereits mehr als 175 Mio. Euro direkt oder indirekt
in etwa 300 junge Unternehmen investiert, vor allem in den High-Tech-Industrien
Europas, der USA und Israels.[108] Bis heute wurden in Summe schon mehr als 500

---

[108] Vgl. Siemens (1999a), S. 37.

Mio. Euro direkt in mehr als 70 Start-Up-Unternehmen sowie 25 Venture Capital-Fonds investiert.[109] Technologische Schwerpunkte dieser direkten und indirekten Investitionen waren bzw. sind die Informations- und Kommunikationstechnologie, die Medizintechnik, Automatisierungs- und Steuerungstechnik, sowie die Energieerzeugung.

Inwieweit die Neuausrichtung der Venture Capital-Aktivitäten des Siemens-Konzerns den gewünschten Erfolg, vor allem in Bezug auf die strategischen Zielerwartungen des Unternehmens, haben wird, kann an dieser Stelle nur schwer beurteilt werden. Die seit 1983 bestehende Beteiligung an der Venture Capital-Gesellschaft TVM sichert noch heute einen Gutteil der finanziellen Rendite der SVC, somit scheint zumindest die Erwirtschaftung einer attraktiven Rendite aus den Aktivitäten wenig problematisch.[110] Grundsätzlich scheint die umfassende Ausrichtung der Venture-Aktivitäten des Konzerns sowohl auf interne als auch externe Ventures besser geeignet, die in diese Aktivitäten gesetzten strategischen Erwartungen erfüllen zu können. Die Finanzierung interner Ventures kann das unternehmerische Denken und Handeln vor allem der technisch geprägten Mitarbeiter stärken und ermöglicht es diesen, innerhalb der Konzernstrukturen der Siemens AG ihre eigenen Produktideen zu verwirklichen. Der externe Fokus kann dabei helfen, die Innovationsbemühungen des Unternehmens dort sinnvoll zu alimentieren, wo eigene Technologielücken festgestellt wurden. Die Möglichkeiten, auf diesem Wege die Innovationskraft des Gesamtkonzerns zu stärken, scheinen nach der Neuausrichtung eher erreichbar.

---

[109] Vgl. Siemens (2002).
[110] So die Aussage eines Mitarbeiters der SVC.

5 Stärkung der Innovationskraft durch Corporate Venture Capital

Wie bereits mehrfach erwähnt wurde, verbinden große Unternehmen mit der Institutionalisierung eines Corporate Venture Capital-Programms unterschiedliche Erwartungen, wovon dann auch die Konfiguration des Programms abhängt. Während finanzielle Ziele, d.h. die Erwirtschaftung eines attraktiven Return on Investment, stets eine gewisse Rolle spielen, stehen strategische Ziele für industrielle Venture Capital-Investoren meist deutlich im Vordergrund. Als bedeutsamste strategische Zielsetzungen wurden im bisherigen Verlauf dieser Arbeit die Verbesserung der Fähigkeiten des Unternehmens zum frühzeitigen Erkennen neuer technologischer Trends und der erfolgreichen Übertragung technologischen Wissens zwischen Venture und großem Unternehmen einerseits und die Stärkung unternehmerisch denkender und handelnder Elemente in der Kultur großer Unternehmen andererseits identifiziert.

Für die Leitung eines großen Unternehmens stellen sich im Zusammenhang mit der Errichtung eines Corporate Venture Capital-Programms zwei direkt aufeinander aufbauende Fragen. Zunächst einmal muss untersucht werden, ob und auf welche Weise solche Programme überhaupt in der Lage sind, einerseits die Fähigkeit zur frühzeitigen Identifikation und zur erfolgreichen Übertragung neuer technologischer Erkenntnisse von jungen Ventures in etablierte Unternehmen zu verbessern, andererseits eine Renaissance bzw. Wiederbelebung des Unternehmertums in großen, bürokratisch geprägten Unternehmen zu ermöglichen. Erst im Anschluss daran kann der zweiten Frage nachgegangen werden, nämlich ob sich für große Unternehmen aus der Erreichung dieser strategischen Einzelziele auch das Oberziel einer Schließung der Innovationslücke zwischen großen und kleinen Unternehmen realisieren lässt.

5.1 Technologiebeobachtung und -transfer

Eine mögliche strategische Zielsetzung industrieller Venture Capital-Investoren liegt in der Öffnung eines Window on Technology, d.h. die Möglichkeit eines verbesserten Zugangs zu neuen technologischen Entwicklungen, die sich außerhalb der eigenen Organisation abzeichnen. Zwar besitzen große Unternehmen auch heute schon entwickelte Systeme und Methoden für die Beobachtung und den Transfer technologischer Erkenntnisse, jedoch scheinen diese insbesondere in der heutigen, zunehmend dynamischer werdenden Welt nicht mehr die gewünschte Wirkung zu haben. Ob und wie der Wirkungsgrad der bestehenden Systeme mittels Corporate Venture Capital verbessert werden kann, soll Thema dieses Abschnitts sein.

5.1.1 Technologiebeobachtung und -transfer als Teil des integrierten Technologie- und Innovationsmanagements großer Unternehmen

Neben Vertrieb, Produktion oder Beschaffung ist die Forschung und Entwicklung eine der zentralen Funktionen eines jeden Unternehmens. Aufgabe der FuE ist die stete technologische Weiterentwicklung des Produktportfolios eines Unternehmens. Durch eine ständige Erweiterung der technologischen Kompetenzen der Organisation beeinflusst dieser Bereich in hohem Maße die Fähigkeiten des Unternehmens, bestehende Produktfamilien verbessern oder auch neue Produkte ersinnen zu können. Um diese sehr stark durch Technologien[111] geprägte Unternehmensfunktion adäquat erfassen und beschreiben zu können, müssen zunächst die bereits in der Überschrift dieses Teilkapitels angesprochenen Begriffe differenziert werden.[112]

Aus der Abbildung 5-1 wird ersichtlich, dass es sich bei dem Begriff des Technologie-Managements um den wohl am weitesten gefassten handelt, der die Beschaffung, Speicherung und Verwertung neuen technologischen Wissens einer Organisation bezeichnet. Dabei können Beschaffung und Verwertung des neuen Wissens inner- oder außerhalb des Unternehmens erfolgen. Innerhalb des Unternehmens ist es vor allem Aufgabe der Forschung und Entwicklung, neues Wissen zu generieren. Insofern ist das FuE-Management ein Teilbereich eines umfassenden Technologie-Managements. Gleichwohl ist FuE-Management auch eine Teilfunktion eines begrifflich weiter gefassten Innovationsmanagements,[113] da mit der Anwendung neuen technologischen Wissens bei der Entwicklung neuer, innovativer Produkte nur ein erster, wenn auch wesentlicher Schritt bei der Entstehung einer erfolgreichen Innovation getan wurde. Genauso wichtig für den Begriff der Innovation ist neben der technologischen Neuheit auch die erfolgreiche Kommerzialisierung.

---

[111] Allgemein bezeichnet man Technologien als wissenschaftlich fundierte Erkenntnisse über Ziel-Mittel-Beziehungen, unabhängig davon, ob diese Erkenntnisse aus den Natur- oder Ingenieurswissenschaften oder aber aus den Sozialwissenschaften kommen (vgl. Gerpott 1999, S. 17f., und die dort angegebene Literatur). Da sich die oben angesprochenen Funktionalbereiche in Unternehmen primär mit naturwissenschaftlichen Technologien beschäftigen, soll der Begriff im Folgenden auch in diesem Sinne verwandt werden.

[112] Vgl. auch Brockhoff (1999), S. 70f.

[113] Eine differenzierte Betrachtung der Begriffe Innovationsmanagement im engen und im weiten Sinne findet sich z.B. bei Brockhoff (1999), S. 38ff.

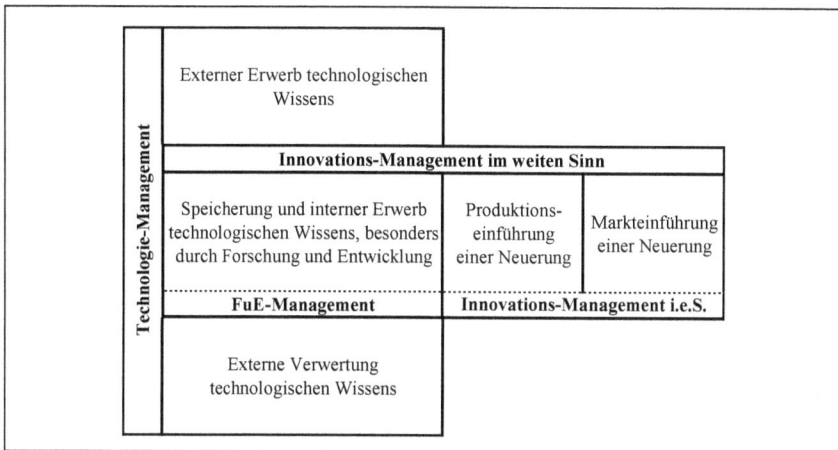

Abb. 5-1: Abgrenzung von Technologie-, Innovations- und FuE-Management (Quelle: Brockhoff 1999, S. 71)

Insofern lässt sich feststellen, dass sowohl Technologietransfer, d.h. der externe Erwerb neuen technologischen Wissens, als auch Technologiebeobachtung, die ja erst die Voraussetzungen für erfolgreichen Technologietransfer schaffen kann, integrale Bestandteile des Technologie-Managements eines Unternehmens konstituieren. Im Folgenden sollen diese beiden Elemente kurz erläutert werden.

(1) Der eine wesentliche Bestandteil eines strategischen Technologie-Managements ist die *Technologiebeobachtung bzw. -früherkennung*. Deren zentrale Aufgabe ist, wie bereits oben mehrfach erwähnt wurde, ganz allgemein die Erfassung von technologischen Entwicklungen inner- und außerhalb der eigenen Industrie mit gleichzeitiger Bewertung der beobachteten Veränderungen hinsichtlich der Relevanz für das eigene Unternehmen, vor allem in Bezug auf die eigene Marktposition und Unternehmensentwicklung. Es geht also um die Bereitstellung, Verarbeitung und problemadäquate Aufbereitung der für die entsprechenden Entscheidungsprozesse des Unternehmens relevanten technologischen Informationen.[114] Zum einen geht es darum, die zu erwartenden Grenzen der bereits heute im Unternehmen eingesetzten Technologien zu bestimmen, zum anderen darum, schon frühzeitig neue Technologien und deren Potential zu bestimmen. Die Zusammenführung dieser Erkenntnisse führt zur Be-

---

[114] Wolfrum (1994), S. 133, bezeichnet die hierfür notwendigen drei Schritte mit den Begriffen Technologiefrüherkennung, technologische Analyse und technologische Prognose.

stimmung von Phasen technologischen Umbruchs bzw. Diskontinuitäten, in denen e-
tablierte Technologien bzw. Produkte von neuen Technologien bzw. Produkten
Schritt um Schritt abgelöst werden.[115]

Für etablierte Unternehmen ist es von entscheidender strategischer Bedeutung, diese
Umbruchphasen so früh wie nur irgend möglich zu erkennen, um rechtzeitig entsprechende Maßnahmen einleiten zu können. Gerade für etablierte Unternehmen besteht
in solchen Phasen die Gefahr des Verlusts von Marktanteilen an junge, innovative
Unternehmen mit neuen, technologisch überlegenen Produkten. Nachdem die Technologiefrüherkennung die relevanten Daten soweit als möglich beschafft hat, werden
diese mit Hilfe komplexer quantitativer und qualitativer Verfahren (z.B. Delphi-Methode oder Expertenbefragung) bewertet und technologische Prognosen erstellt. Auf
Basis dieser Prognosen werden dann mittels entsprechender Verfahren (z.B. Portfo-
lio-Methoden) Soll-Ist-Profile der relevanten Technologien erstellt und daraus entsprechende Technologiestrategien abgeleitet.[116]

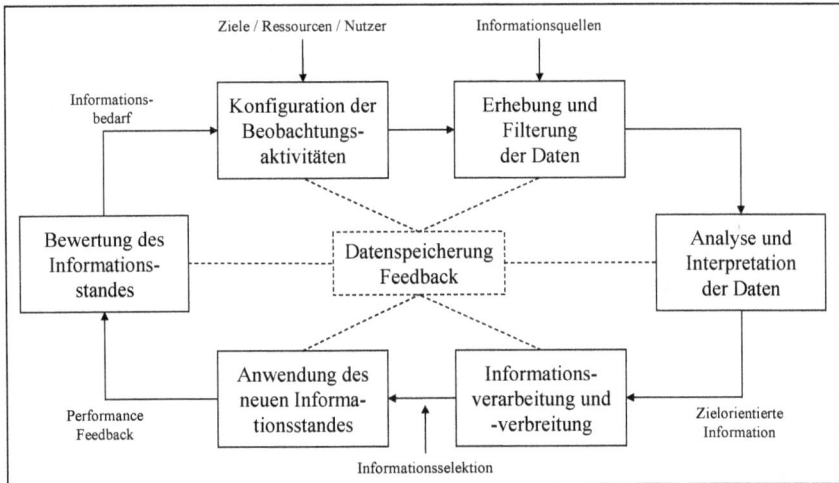

Abb. 5-2: Rahmen eines technology monitoring (Quelle: in Anlehnung an Ashton et al. 1991, S. 96)

---

[115] Eine prominente Darstellung dieses Modells technologischer Umbruchphasen findet sich bei
Abernathy/Utterback (1978).

[116] Vgl. Wolfrum (1994), S. 151ff., der in seiner Arbeit eine Vielzahl unterschiedlicher Prognose-
und Analyseverfahren diskutiert.

Die Technologiefrüherkennung als erster wesentlicher Schritt im Rahmen des unternehmensbezogenen Technologie-Managements lässt sich aus der Sicht des Unternehmens analytisch in zwei Aufgaben zerlegen. Dies sind zum einen die *Technologieüberwachung* ('technology monitoring'), zum anderen die *Technologieexploration* ('technology scanning').[117] Erstere sucht die technologische Umwelt systematisch nach Ereignissen und Entwicklungen ab, die auf diskontinuierliche Veränderungen bei den zur Zeit von dem betreffenden Unternehmen, aber auch von seinem Wettbewerber angewandten oder anderweitig bekannten Technologien schließen lassen. Letztere versucht, Trends und diskontinuierliche Entwicklungen in der globalen technologischen Umwelt – also auch insbesondere in für das Unternehmen bzw. dessen Branche bislang nicht relevanten Technologien – aufzudecken, die möglicherweise die Wettbewerbs- oder Technologieposition des Unternehmens sowie die Branchenverhältnisse beeinflussen können. Die gleichzeitige Nutzung dieser beiden komplementären Vorgehensweisen ermöglicht dem Unternehmen die Beobachtung technologischer Entwicklungen auf bereits heute bearbeiteten Technologiefeldern, ohne dass der Blick vor möglichen unerwarteten Technologiebrüchen in neuen, noch nicht bearbeiteten Technologiefeldern verschlossen wäre.

In der Praxis werden beide Vorgehensweisen meist im Rahmen eines einzelnen technologischen Überwachungsprozesses integriert, der natürlich an die spezifischen Bedürfnisse des jeweiligen Unternehmens angepasst werden muss. Ein idealtypisches Modell hierfür findet sich bei Ashton et al. (1991), die auf der Basis empirischer Erfahrungen einen Vorschlag für einen solchen Monitoring-Prozess entwickelt haben (vgl. auch Abbildung 5-2). Dieser durchläuft im Wesentlichen die folgenden sechs Phasen:

- Die Bewertung *des existierenden Informationsstandes* bildet stets den Startpunkt dieses Prozesses. Bewertet werden sowohl Quantität als auch Qualität des momentan verfügbaren Datenmaterials.

- Auf Basis der daraus gewonnenen Informationen bzw. Informationsdefizite erfolgt die *Konfiguration der Beobachtungsaktivitäten*, wobei sowohl Budgetrestriktionen als auch die grundsätzliche strategische Ausrichtung des Unternehmens berücksichtigt werden müssen.

---

[117] Vgl. zu dieser analytischen Differenzierung der Begriffe Technologieexploration und Technologieüberwachung auch Wolfrum (1994), S. 137, oder Gerpott (1999), S. 102f.

■ Den Kern dieses Prozesses bilden die *Erhebung und Filterung der Daten*. Dabei sollen die Daten nicht bereits vor oder während der Erhebung, sondern erst nach der Erhebung durch unternehmensinterne Grobraster gefiltert werden, um dadurch der Gefahr eines vorzeitigen Ausschlusses potentiell relevanter Daten zu begegnen. Auf diese Weise werden Informationen, welche sich dann aufgrund des Filters als unwichtig herausstellen, zwar erhoben, aber durch den Filter nicht weiter im Unternehmen verbreitet. Als externe Quellen für die Datenerhebung kommt eine Vielzahl von Möglichkeiten in Betracht. Besonders hervorzuheben sind dabei bibliometrische Erhebungen und Patentrecherchen.[118]

■ Nach Abschluss der Erhebung werden die relevanten *Daten analysiert und interpretiert* und in zielorientierten Dokumenten zusammengefasst. Mögliche Präsentationsformen sind allgemeine Statusberichte bzgl. bestimmter technologischer Entwicklungen, aber auch spezifisch angeforderte Analysen zu bestimmten Themen.

■ Die aus dem Prozess gewonnenen technologischen Informationen müssen in einem nächsten Schritt an die entsprechenden Stellen im Unternehmen *verbreitet* werden, um dort dann auch Anwendung finden zu können.

■ Abgeschlossen wird dieser Prozess mit der *Anwendung der neu gewonnenen Daten* in technologiepolitischen Entscheidungen der Unternehmensleitung und anderer Unternehmensbereiche und -funktionen.

(2) Der zweite wesentliche Bestandteil eines strategischen Technologie-Managements ist der *Technologietransfer*. In der Literatur finden sich eine Vielzahl unterschiedlicher Definitionen und Verwendungen dieses Begriffs, eine sehr umfassende Definition wurde aber beispielsweise von Hofstetter geprägt. Danach wird Technologietransfer definiert als „(...) der planvolle Prozess der Übertragung von Technologie, insbesondere von naturwissenschaftlichen und technischen Erkenntnissen, in vielfältigen Formen und mittels verschiedener Instrumente von einem Geber- zu einem Nehmersystem." (vgl. Hofstetter 1990, S. 1). Insofern kann der Technologietransfer neben der Imitation als alternativer Weg zur Diffusion einer Innovation bzw. neuen technologischen Wissens gesehen werden, mit dem entscheidenden Unter-

---

[118] Darstellungen einer Vielzahl anderer Quellen findet sich z.B. bei Ashton et al. (1991), S. 100, Wolfrum (1994), S. 140ff., oder Gerpott (1999), S. 103ff.

schied, dass die Weitergabe des Wissens bei der Imitation in aller Regel ohne die Zustimmung des Gebersystems geschieht.[119]

Den Hauptgrund für Technologietransfers sieht Corsten (1982), S. 11ff., in der Reduzierung der Diskrepanz von potentiellem und aktuellem Nutzungsgrad einer Technologie oder Innovation. So kann z.b. ein großes Unternehmen, indem es im Zuge eines Technologietransfers Wissen über eine innovative Technologie erwirbt, dieses neu erworbene Wissen in eine Vielzahl neuer Anwendungen oder Produkte einfließen lassen. Würde das Wissen im kleinen Unternehmen verbleiben, würde die Zahl der Anwendungsmöglichkeiten entsprechend begrenzt bleiben. Von einem solchen Arrangement profitiert ein großes Unternehmen insofern, als es aufgrund der erweiterten technologischen Möglichkeiten eine Verbesserung der eigenen Marktposition erreichen kann. Dem kleinen Unternehmen erwächst daraus die Möglichkeit, mittels der erzielten Lizenzeinnahmen weitere eigene Forschungsbemühungen zu finanzieren, oder aber es erhält möglicherweise auch Zugriff auf das Vertriebsnetz oder andere Ressourcen des großen Unternehmens. Als Geber und Nehmer des Transferobjekts ist aus der Sicht dieser Definition jede Art von Mikro- oder Makrosystem vorstellbar. Am häufigsten wird jedoch der Transfer zwischen Forschungseinrichtungen und Unternehmen oder zwischen Unternehmen unterschiedlicher Größe oder Branchenzugehörigkeit behandelt.[120] Objekt eines Technologietransfers kann, wie das Wort bereits erkennen lässt, jede Art von Technologie sein, z.B. Ergebnisse der Grundlagenforschung, der angewandten Forschung, aber auch der Anwendungsentwicklung.[121]

Bezüglich der Formen des Technologietransfers haben sich in Literatur und Praxis eine Vielzahl von Unterscheidungen herausgebildet:[122]

- Eine erste Unterscheidung betrifft die Beziehung von Technologie-Geber und -Nehmer. Entsprechend wird zwischen *inter- und intraorganisatorischem Transfer* gesprochen.

---

[119] Vgl. Corsten (1982), S. 15ff.

[120] Im Folgenden beziehen wir den Begriff des Gebersystems stets auf kleine Unternehmen, den des Nehmersystems stets auf große Unternehmen.

[121] Vgl. Corsten (1982), S. 74ff., zu einer differenzierten Auseinandersetzung mit den Merkmalen des Transferobjekts.

[122] Vgl. zu diesen Merkmalen auch Hofstetter (1990), S. 23ff.

- Auch die zweite Unterscheidung knüpft an dieser Beziehung an und beschreibt den Grad der Interaktion zwischen Geber und Nehmer. Während beim *passivierten Transfer* auf in Datenbanken gespeichertes Wissen zurückgegriffen wird, erhält beim *aktivierten Transfer* gerade die persönliche Interaktion zwischen Geber und Nehmer im Rahmen des Austauschprozesses breiten Raum.

- Eine dritte Unterscheidung zielt mehr auf die Verknüpfung des vorhandenen mit dem neuen Wissen ab und differenziert zwischen *imitativem, adaptivem und innovativem Technologietransfer* zwischen Geber und Nehmer.

- Eine letzte Unterscheidung schließlich fragt nach der Existenz eines Intermediärs im Rahmen des Technologietransfers und differenziert zwischen *direktem und indirektem Transfer*. Meist geschieht der Transfer in Form von Lizenzvereinbarungen oder Patentüberlassungen, aber auch gemeinsame Entwicklungsvorhaben sind möglich. Immer häufiger werden jedoch auch der Sitz in Aufsichtsgremien kleiner Unternehmen oder eben auch Kapitalbeteiligungen mit entsprechender Betreuungsleistung genutzt, um einen für beide Seiten erfolgreichen Technologietransfer zu betreiben.

Sowohl Technologiebeobachtung als auch -transfer sind bereits heute ein mehr oder minder integraler Bestandteil des Technologie- und Innovationsmanagements großer Unternehmen. Worin die Gründe liegen, weshalb die existierenden Verfahren offenbar dennoch nicht in der Lage sind, die in der Einleitung dieser Arbeit skizzierte Innovationslücke zwischen großen und kleinen Unternehmen zu schließen, soll im folgenden Abschnitt untersucht werden.

5.1.2 Defizite herkömmlicher Methoden des Technologie-Managements

Sicherlich gibt es eine Vielzahl von Gründen, weshalb existierende Methoden der Technologiebeobachtung und des Technologietransfers großer Unternehmen im Hinblick auf die damit verbundenen Ziele nicht den erwarteten Erfolg zeigen. Im Folgenden sollen einige wesentliche dargestellt werden:[123]

(1) Bevor ein Monitoring-Prozess mit dem Ziel der Technologiebeobachtung von einem Unternehmen durchgeführt werden kann, müssen zunächst Ausrichtung und Methoden des Vorgehens festgelegt werden. Ashton et al. (1991), S. 95, nennen grob drei Zielkategorien: die Beobachtung von globalen technologischen Trends, von

---

[123] Vgl. auch Corsten (1982), S. 298ff.

Entwicklungen spezifischer Technologien und von Aktivitäten spezifischer Organisationen in Bezug auf bestimmte Technologien. Aufgrund des risikoaversen und daher stark formalisierten Verhaltens großer Organisationen werden die Zielerwartungen der Technologiebeobachtung jedoch unabhängig von Objekt und Methode meist
in direkter Umgebung des Status quo formuliert, wodurch automatisch der Fokus der
Beobachtung auf inkrementelle Veränderungen eines Technologiefeldes beschränkt
wird, revolutionäre Veränderungen jedoch nicht entsprechend berücksichtigt werden
(können). Auch wird eine latente Zieloffenheit der Aktivitäten nach Möglichkeit
vermieden, die interessierenden Technologiefelder werden bereits zu Anfang abge-
steckt, eine spätere Verschiebung oder Erweiterung des Beobachtungs-Fokus schei-
tert an innerorganisatorischen Verkrustungen. Entsprechend kann man davon ausgehen, dass große Unternehmen das ‚Technology Monitoring' zuungunsten des ‚Technology Scanning' überbetonen und somit Gefahr laufen, potentielle technologische
Umbruchphasen, die sich am Horizont bereits abzeichnen, nicht rechtzeitig zu erkennen.

(2) Im Zusammenhang mit dem Transfer technologischen oder auch anderen Wissens
zwischen Unternehmen spielt insbesondere das aktuelle Entwicklungsstadium der Industrien, denen die jeweiligen Unternehmen angehören, eine große Rolle.[124] Grundsätzlich kann die technologische Entwicklung einer Industrie in zwei Phasen unterschieden werden. Phasen inkrementeller Veränderungen zeichnen sich in der Regel
durch ein hohes Maß an Stabilität und Planungssicherheit sowohl bezüglich der
Marktteilnehmer als auch der Technologie aus. Phasen umbruchartiger Veränderungen hingegen sind von einem hohen Maß an Unsicherheit bezüglich der zukünftigen
Entwicklung der Industrie und einer starken Dynamik bezüglich der Zahl und Identi-
tät möglicher Marktteilnehmer geprägt. Während in Phasen überschaubaren technologischen Wandels aufgrund der Möglichkeit des Aufbaus langfristiger, vertrauens-
bildender Beziehungen zwischen Unternehmen oftmals informale Beziehungen ausreichend sind, um erfolgreichen Technologietransfer zu ermöglichen, ist dies in Zeiten drastischer Veränderungen nicht der Fall. Dort ist der Technologienehmer aufgrund der hohen situativen Unsicherheit mit der potentiellen Gefahr eines opportunistischen Verhaltens des Technologiegebers konfrontiert, was wiederum formalere
Beziehungen notwendig macht. Darüber hinaus führt diese Unsicherheit dazu, dass
keine langfristig ausgerichteten Beziehungen aufgebaut werden können.

---

[124] Vgl. Tripsas (1998).

Gerade die aktuellen Entwicklungen in Industrien wie der Informations- und Kommunikationstechnik oder Mikroelektronik sind aber in einem hohen Maße von umbruchartigen technologischen Veränderungen, wie z.b. durch das Internet, gekennzeichnet. Jedoch sind die heute üblichen Formen des Technologietransfers, insbesondere Lizenzverträge oder Patentüberlassungen nach Tripsas (1998), S. 226, gerade nicht in der Lage, die im Falle umbruchartiger Veränderungen einer Industrie aus der Unsicherheit der Situation heraus erwachsenden Probleme zu überwinden. Hierfür sind Vereinbarungen mit direkten Informations- und Weisungsrechten, wie beispielsweise bei einer direkten Kapitalbeteiligung, notwendig.

(3) Ein drittes Hemmnis schließlich liegt im Objekt des Technologietransfers begründet. Die Gesamtheit des übertragbaren technologischen Wissens ist in hohem Maße heterogen bezüglich einer Vielzahl von Merkmalen. Unter diesen hat Corsten folgende wesentliche ermittelt und sie im Hinblick darauf beurteilt, inwieweit sie tendenziell eher transferhemmend oder -fördernd sind. Dabei hat er in Übereinstimmung mit anderen Autoren festgestellt, dass insbesondere eine hohe technologische Komplexität, eine geringe technische oder kulturelle Kompatibilität, und eine geringe Mitteilbarkeit bzw. eine hohe Implizität des zu übertragenden Wissens deutlich transferhemmende Eigenschaften sind.[125] Jedoch ist gerade das in kleinen Unternehmen der High-Tech-Industrien ständig neu entstehende Wissen als Objekt von Technologietransfers durch eben diese Merkmale gekennzeichnet. Neue technologische Erkenntnisse sind eben oft sehr komplex und benötigen eine große Zahl weiterer Kompetenzen, um sinnvoll genutzt werden zu können. Auch ist es oft nicht einfach, neue, oftmals revolutionäre technologische Erkenntnisse, die vorhandenes Wissen in großen Unternehmen obsolet machen, zu übertragen, da sowohl technologische als auch kulturelle Kompatibilität zwischen Wissen und Unternehmen oftmals recht gering sind.[126] Schließlich ist ein nicht unwesentlicher Teil dieses neuen Wissens nicht oder nur schwierig dokumentierbar, da es sich bei den neuen technologischen Erkenntnissen oft nicht um herkömmliche Konstruktionszeichnungen oder Funktionsbeschreibungen, sondern um kreative Ideen oder kumulierte Erfahrungswerte der Mitarbeiter des kleinen Unternehmens handelt, die ja bekanntermaßen nur schwer explizierbar und somit aufgrund ihrer immanenten Implizität nur schwer mitteilbar sind.

---

[125] Vgl. Corsten (1982), S. 213ff.

[126] Als Beispiel hierfür sei nochmals auf das bereits angesprochene Not-Invented-Here-Syndrom verwiesen.

Die Darstellung dieser exemplarischen Gründe für Hemmnisse herkömmlicher Transfermethoden machen die Suche nach neuen, ergänzenden Verfahren des Wissens-bzw. Technologietransfer notwendig. Im folgenden Abschnitt soll untersucht werden, auf welche Weise die Einrichtung eines Corporate Venture Capital-Programms durch große Unternehmen diesen Zweck möglicherweise erfüllen kann.

5.1.3 Überwindung dieser Defizite durch Corporate Venture Capital

In den allermeisten Fällen verbinden große Unternehmen, die in der einen oder anderen Weise Corporate Venture Capital-Aktivitäten starten, damit die Erwartung, besser und schneller über aktuelle technologische Entwicklungen jenseits der eigenen organisatorischen Grenzen informiert zu werden. Dies geschieht vor dem Hintergrund der Einsicht, dass es diesen Unternehmen trotz bestehender, mehr oder minder umfangreicher Verfahren für die Beobachtung und den Transfer technologischer Erkenntnisse in der Vergangenheit offenbar nicht gelungen ist, technologische Trends rechtzeitig zu erkennen und vor allem richtig zu bewerten. Mit der Errichtung eines Corporate Venture Capital-Programms als ergänzendes und nicht konkurrierendes Werkzeug wird nun der Versuch unternommen, insbesondere die im vorherigen Abschnitt skizzierten technologischen Defizite zu überwinden. In einem ersten Zugriff scheinen speziell extern ausgerichtete Venture-Aktivitäten hierfür besonders geeignet.

Als größtes Defizit herkömmlicher Methoden der Technologiebeobachtung in der Praxis wurde die geringe Offenheit des Prozesses gegenüber unvorhersehbaren technologischen Veränderungen und Entwicklungen identifiziert. Die Nutzung externer Venture-Aktivitäten kann den Fokus der Technologiebeobachtung jedoch sinnvoll erweitern. Die Investition in nicht-dedizierte und nur wenig spezialisierte Venture Capital-Fonds ermöglicht es industriellen Investoren, ihr Kapital in ein sehr breit gestreutes Spektrum von Unternehmen mit unterschiedlichsten technologischen Ausrichtungen zu investieren. Aufgabe des Managements des Venture Capital-Fonds ist es stets, die attraktivsten und Erfolg versprechendsten jungen Unternehmen einer oder mehrerer Branchen zu identifizieren und sich an diesen zu beteiligen. Dadurch, dass sich diese Fonds in ihrer Ausrichtung nicht auf eine bestimmte Technologie oder Branche beschränken müssen, wird dem industriellen Investor auf diese Weise Einblick in eine Vielzahl technologischer Entwicklungen auch jenseits bisheriger eigener Bemühungen gewährt. Kenntnis darüber erlangt der Investor in aller Regel mittels regelmäßiger Statusberichte bezüglich eines jeden einzelnen, vom Fonds finanzierten Unternehmens, die über die Management-Gesellschaft an alle Investoren dieses Fonds verteilt werden. Insofern sind Corporate Venture Capital-Aktivitäten in der

Lage, die bestehenden Systeme für die Technologiebeobachtung mittels Erweiterung des beobachteten Feldes sinnvoll zu ergänzen.

Auch Hemmnisse im Zusammenhang mit dem Transfer technologischer Erkenntnisse von einem jungen, innovativen Unternehmen zu einem etablierten Unternehmen können durch die Nutzung externer Venture-Aktivitäten überwunden werden. Wie bereits oben dargelegt wurde, führt eine Phase umbruchartiger technologischer Veränderungen in einer Industrie dazu, dass bei den Beteiligten ein hohes Maß an Unsicherheit bezüglich der weiteren Entwicklung herrscht. Tripsas (1998), S. 226ff., hat beschrieben, dass in solchen Phasen informale Beziehungen zwischen Technologiegeber und -nehmer kein geeignetes Mittel für einen erfolgreichen Technologietransfer darstellen. Gerade diese Industrien, die heute in starkem Maße durch Venture Capital-Finanzierungen geprägt sind, befinden sich jedoch in solchen technologischen Umbruchphasen. Will ein großes Unternehmen in solchen Momenten technologischer und wirtschaftlicher Unsicherheit erfolgreich Technologietransfer betreiben, schlägt Tripsas als optimal gangbaren Weg die Nutzung externer Corporate Venture Capital-Aktivitäten vor, da durch die umfassenden Informations- und Eingriffsrechte des Nehmersystems aufgrund der bestehenden Eigenkapitalbeteiligung zum einen der Gefahr opportunistischen Verhaltens des kleinen Unternehmens begegnet werden kann, zum anderen ermöglicht diese Beteiligung den Aufbau einer langfristigen, vertrauensvollen Zusammenarbeit, da beide Seiten aufgrund der Eigenkapital-basierten Beziehung gleichermaßen ein hohes Interesse am Erfolg des Ventures haben.

Schließlich sind Corporate Venture Capital-Aktivitäten durchaus auch geeignet, Hemmnisse im Zusammenhang mit dem Transferobjekt selbst zu überwinden. Aufgrund seiner oben beschriebenen Beschaffenheit, vor allem durch den hohen Grad an Komplexität, der geringen Kompatibilität und dem geringen Grad an Mitteilbarkeit ist neues technologisches Wissen oft nur schwer in all seinen Bestandteilen dokumentierbar, d.h. selbst dann, wenn schriftliche Unterlagen wie Zeichnungen oder Funktionsbeschreibungen vorliegen, muss davon ausgegangen werden, dass einige, möglicherweise entscheidende Wissensbestandteile nicht in diesem Dokument enthalten sein werden. Diese impliziten Wissenselemente, deren Explizierung wohl nur schwer oder gar nicht möglich sein wird, bleiben als Erfahrungswissen in den Köpfen der Mitarbeiter des Technologiegebers, ohne dass der Technologienehmer eine Möglichkeit hätte, auf herkömmlichem Wege Zugriff auf dieses Wissen zu erlangen. Der entscheidende Vorteil externer Venture-Aktivitäten in diesem Zusammenhang ist, dass das große Unternehmen als Technologienehmer die Möglichkeit hat, mit den Mitarbeitern des Ventures in direkten Kontakt zu treten, um auf diese Weise, z.B. durch gemeinsame Projekte oder regelmäßige Treffen einen Transfer des impliziten

Erfahrungswissen direkt von Mitarbeitern des Technologiegebers zu denen des Technologienehmers zu Wege zu bringen.

Diese Ausführungen haben deutlich gemacht, dass Corporate Venture Capital-Aktivitäten großer Unternehmen, vor allem bei externer Ausrichtung, durchaus in der Lage sind, die Bemühungen des Unternehmens bei der Beobachtung aktueller technologischer Entwicklungen in der globalen organisatorischen Umwelt und den Transfer von aus der Sicht des großen Unternehmens attraktivem neuen technologischen Wissen sinnvoll zu unterstützen. Zwar erscheint auch eine Überwindung der dargestellten Defizite herkömmlicher Systeme mittels entsprechender struktureller Anpassungen und inhaltliche Neuausrichtung der Prozesse durchaus möglich, die Nutzung externer Corporate Venture Capital-Aktivitäten jedoch scheint gleichsam allen diesen Defiziten begegnen zu können. Insofern kann davon ausgegangen werden, dass ein adäquat konfiguriertes externes Corporate Venture Capital-Programm eine sinnvolle Verbesserung bestehender Verfahren darstellt und dadurch insbesondere auch die technologische Position eines großen Unternehmens gestärkt werden kann.

5.2 Stärkung des Unternehmertums

Eine andere strategische Erwartung, die große Unternehmen mit der Errichtung eines Corporate Venture Capital-Programms verbinden, ist die Stärkung bzw. Wiederbelebung des Unternehmertums im Denken und Handeln der Organisation und deren Mitgliedern. Mit dem Begriff des Unternehmers verband man schon immer die Vorstellung des kreativen Erfinders, der seine Idee gegen alle Widerstände zu kommerziellem Erfolg führt. Die Organisationsstrukturen großer Unternehmen sind aber stark bürokratisch geprägt und bilden quasi das genaue Gegenteil zu dem Umfeld, in dem Unternehmer entstehen und existieren. Aufgabe dieses Teilkapitels ist es, zu untersuchen, ob Corporate Venture Capital möglicherweise einen Ausweg aus diesem Dilemma bietet.

5.2.1 Historische Annäherung an das Phänomen Unternehmertum

Die wohl erste größere Auseinandersetzung mit der Person des Unternehmers in der wissenschaftlichen Literatur findet sich bei Richard Cantillon in seinem 1755 erschienenen Werk ‚Essai sur la nature du commerce en général'.[127] Dort beschreibt er den

---

[127] Vgl. die deutsche Ausgabe aus dem Jahr 1931.

Entrepreneur als Teil der arbeitenden Klasse (im Gegensatz zur besitzenden Klasse der Adeligen und Grundbesitzer), der aus einem bezüglich des Endzustandes unsicheren Unternehmen (bzw. Unterfangen, dem ‚entreprise') ein entsprechend risikobehaftetes Unternehmereinkommen erzielt. Dies ist aber aus der Sicht Cantillons nicht notwendigerweise mit der Führung oder dem Besitz eines Unternehmens verbunden.

Im Zuge der Weiterentwicklung der wirtschaftswissenschaftlichen Disziplinen in den folgenden zwei Jahrhunderten gab es eine Vielzahl fruchtbarer Forschungsbemühungen, die sich mit der Rolle des Unternehmers in der Volks- und Betriebswirtschaft auseinandergesetzt haben. Auch die Frage nach der Person bzw. Persönlichkeit des Unternehmers erlangte in der Forschung zunehmende Beachtung, nicht zuletzt durch das Heranziehen psychologischer und verhaltenswissenschaftlicher Theorien. Jedoch macht die Menge der bestehenden Ansätze und Theorien die Bestimmung eines eindeutigen Paradigmas des Unternehmerbegriffs fast unmöglich.

Um der Gefahr einer kurzschlüssig einengenden Definition zu entgehen, wurden von verschiedenen Autoren Klassifikationsversuche des Forschungsfeldes unternommen. Besonders hervorzuheben sind hierbei auf der einen Seite die Taxonomie von Hébert/Link (1982), die als erste des Versuch einer umfassenden Darstellung bestehender Ansätze und einer gleichzeitigen Einordnung der Ansätze in insgesamt vier generische Typen von Unternehmer-Theorien[128] unternommen haben, auf der anderen Seite die Arbeit von Bretz (1988), der ähnlich wie Hébert/Link zunächst einen Überblick über die wichtigsten Konzepte zum Unternehmertum gibt. Darauf aufbauend identifiziert er dann drei Hauptfunktionen des Unternehmers: die des Risikoträgers, die des Kombinators von Produktionsfaktoren sowie des Innovators.[129]

Zwar liefern solche Taxonomien eine gute Übersicht über das sehr heterogene Forschungsfeld zum Unternehmertum, jedoch scheint es notwendig, um das Phänomen des Unternehmertums in großen Unternehmen gezielt untersuchen zu können, einen für diesen Zweck besonders geeigneten Ansatz herauszustellen.

Betrachtet man neuere Arbeiten insbesondere der amerikanischen Literatur zum Thema Unternehmertum bzw. Entrepreneurship, so liegt vielen eine ganz bestimmte Vorstellung des Unternehmers zugrunde. Diese stützt sich wesentlich auf die Arbei-

---

[128] Die vier von Hébert/Link (1982), S. 109, in der Literatur identifizierten Unternehmer-Typen sind: (a) der reine Risikoträger, (b) der reine Innovator, (c) eine Kombination aus Risikoträger und Innovator, sowie (d) der Arbitrageur als ‚Ausnutzer' von Marktungleichgewichten.

[129] Vgl. Bretz (1988), S. 37.

ten des österreichischen Nationalökonomen Joseph Schumpeter, der 1911 sein wohl bekanntestes Werk ‚Theorie der wirtschaftlichen Entwicklung' veröffentlichte.

Kern des Unternehmerbegriffs im Werk Schumpeters ist die Durchsetzung von Innovationen bzw. neuen Kombinationen:[130]

> „Unternehmung nennen wir die Durchsetzung neuer Kombinationen und auch deren Verkörperung in Betriebsstätten usw., Unternehmer die Wirtschaftssubjekte, deren Funktion die Durchsetzung neuer Kombinationen ist und die dabei das aktive Element sind." (Schumpeter 1926, S. 111)

Hierbei unterscheidet er fünf Fälle neuer Kombinationen, die auch heute noch als sinnvolle Typologie möglicher Innovationen Verwendung finden:[131] (1) die Herstellung eines neuen, nicht vertrauten Gutes oder einer neuen Qualität eines Gutes, (2) die Einführung einer neuen Produktionsmethode, (3) die Erschließung eines neuen Marktes, (4) die Eroberung einer neuen Bezugsquelle von Rohstoffen oder Halbfabrikaten und (5) die Durchführung einer Neuorganisation. Wesentlich bei der Definition des Unternehmens bei Schumpeter ist die Betonung der *Durchsetzung* einer neuen Kombination. Damit grenzt Schumpeter seinen Unternehmer deutlich vom reinen Erfinder ab, der neue Kombinationen nur erdenkt, sich jedoch nicht um deren Durchsetzung im Markt kümmert. Schumpeter hat die Durchsetzungsfunktion deswegen in den Vordergrund gestellt, da aus seiner Sicht nur solche Innovationen, die auch im Markt durchgesetzt werden, einen Einfluss auf die wirtschaftliche Entwicklung haben können, und somit reine Erfindungen, bei denen keine Durchsetzung versucht wurde, keine ökonomische Relevanz haben. Aufgrund dieser Überlegungen kann die Person des Unternehmers von der des Erfinders getrennt werden, und Unternehmer kann auch der sein, der das wirtschaftliche Potential der Erfindung eines Dritten für sich erkennt und sie selbst am Markt durchzusetzen versucht, ohne selbst an der Erfindung beteiligt gewesen zu sein.

Der wesentliche Grund, weshalb diese Arbeit das Unternehmerverständnis Schumpeters zugrunde gelegt werden soll, liegt in dem umfassenden Begriffsverständnis des Unternehmers, das Schumpeter selbst folgendermaßen beschreibt:

> „Denn wir nennen Unternehmer erstens nicht bloß jene ‚selbständigen' Wirtschaftssubjekte der Verkehrswirtschaft (...), sondern alle, welche die für den Begriff konstitutive

---

[130] Zu beachten ist dabei allerdings, dass Schumpeter selbst den Begriff ‚Innovation' erst ab 1939 benutzt (vgl. auch Schumpeter 1939, S. 62).

[131] Vgl. Schumpeter (1996), S. 188.

Funktion tatsächlich erfüllen, auch wenn sie (…) ‚unselbständige' Angestellte einer Ak-
tiengesellschaft – aber auch Privatfirma –, wie Direktoren, Vorstandsmitglieder usw.
sind oder ihre tatsächliche Macht und rechtliche Stellung auf der Unternehmerfunktion
begrifflich fremden Grundlagen ruht.

(…) Unter unseren Begriff fallen nicht alle selbständigen, für eigne Rechnung handeln-
den Wirtschaftssubjekte, wie das üblich ist. Eigentum am Betrieb – oder überhaupt ir-
gendein ‚Vermögen' – ist für uns kein wesentliches Merkmal. (…) Nicht nur Bauern,
Handwerker, Angehörige freier Berufe – die man mitunter einschließt –, sondern auch
‚Fabrikherren' oder ‚Industrielle' oder ‚Kaufleute' – die man immer einschließt – brau-
chen nicht notwendig ‚Unternehmer' zu sein." (Schumpeter 1926, S. 111f.)

Aus diesem Zitat wird der funktional geprägte Unternehmerbegriff Schumpeters
deutlich, der allein an der Funktion der Durchsetzung neuer Kombinationen ansetzt,
unabhängig davon, wo im Wirtschaftssystem dies geschieht, oder wer genau dies
macht. Somit scheint dieses Verständnis des Unternehmers auch auf weiter oben mit
Begriffen wie ‚Corporate Entrepreneurship' oder ‚Intrapreneurship' bereits angesprochene Konzepte anwendbar zu sein.

Die Frage nach der Persönlichkeit des Unternehmers war für Schumpeter nur insofern
von Interesse, als er das Menschenbild offen legen wollte, das hinter der Person des
‚Durchsetzers' neuer Kombinationen steht, um seine Argumentation in Bezug auf die
wirtschaftliche Entwicklung zu stützen. In diesem Zusammenhang identifiziert
Schumpeter drei Motive, die den Unternehmer antreiben:

„First of all, there is the dream and the will to found a private kingdom, usually, but not
necessarily, also a dynasty. (…) Then there is the will to conquer: the impulse to fight,
to prove oneself superior to others, to succeed for the sake, not of the fruits of success,
but of success itself. (…) Finally, there is the joy of creating, of getting things done, or
simply of exercising one's energy and ingenuity." (Schumpeter 1996, S. 208f.)

Wenn das oben in den Überlegungen Schumpeters skizzierte Bild der Persönlichkeit
des Unternehmers für die heutige Zeit in Teilen ein klein wenig überzeichnet scheint,
so liefert es dennoch ein erstes Vorverständnis dessen, was ein Unternehmer ist und
was diesen in seinem wirtschaftlich relevanten Handeln antreibt.[132] Im folgenden Ab-

---

[132] Vor allem der Wille, ein ‚privates Reich' zu erschaffen, erscheint auf den ersten Blick meta-
phorisch überzeichnet. Jedoch interpretiert Behrend (1998), S. 34, das Streben nach einem
‚privaten Reich' als die Möglichkeit der freien Entfaltung unternehmerischen Geistes und der
eigenen Ideen des Unternehmers und stellt auf diese Weise die Anschlussfähigkeit dieses Mo-
tivs zu heutigen Vorstellungen des Unternehmerbegriffs her.

schnitt werden wir uns der Frage nach der Möglichkeit von Unternehmertum in großen Organisationen zuwenden.

5.2.2 Unternehmertum in großen Organisationen

Während Schumpeter selbst die Frage nach der Persönlichkeit des Unternehmers vornehmlich auf dessen Motivation für unternehmerisches Handeln beschränkt, finden
sich im Forschungsfeld Unternehmertum mittlerweile eine Vielzahl so genannter
‚trait approaches', die sich jenseits der Motivation vor allem mit den charakterlichen
Eigenschaften des Unternehmers befassen. Diese Untersuchungen versuchen, gestützt
auf biographisch fundierte Darstellungen verschiedener ‚typischer' Unternehmer,
Gemeinsamkeiten und Parallelen im Denken und Handeln der beobachteten Unternehmer zu identifizieren.[133] So hat beispielsweise Sinetar auf der Basis von empirischen Beobachtungen sechs wesentliche Merkmale des Unternehmers bestimmt:

> „(1) They are easily bored and would rather move into untried areas, (2) they are com-
> fortable with ambiguity, at least when it comes to work, (3) they are neither risk-averse
> nor troubled by ambiguity, (4) they may be uninterested in social matters, and thus may
> not be socially ‚well rounded', (5) they need to use their minds to solve difficult, per-
> sonally fulfilling problems, (6) the healthier their personalities, the more likely it is that
> they experience their work as a calling or dedicated vocation." (Sinetar 1985, S. 59)

Andere Autoren beschreiben Unternehmer auch mit Begriffen wie Starrsinn, Besses-
senheit, Querdenker, Überwinder vorgegebener Gestaltfiguren. Aber auch die Fähigkeit zum intuitiven Erfassen komplexer Situationen und die feinfühlige Reaktion auf
Emotionen und Energien innerhalb einer Organisation werden dem Unternehmer oft
attribuiert.[134]

Bislang wurde, wenn von dem Unternehmer die Rede war, nicht die Frage nach der
Umgebung, in der er agiert, gestellt. In einem ersten Zugriff wird in den meisten Fällen intuitiv davon ausgegangen, dass der prototypische Unternehmer sich in einer,
von ihm für diesen Zweck geschaffenen organisatorischen Struktur engagiert und
sein unternehmerisches Handeln in diesem, von ihm gegründeten Unternehmen ent-
faltet. Betrachtet man die bestimmenden Variablen einer aus der Sicht des Unterneh-

---

[133] Vgl. hierzu beispielsweise die Arbeiten von Kets de Vries (1977, 1985), Sinetar (1985) oder
Quinn (1979).
[134] Vgl. beispielsweise Bretz (1991), S. 284ff., oder Faltin/Zimmer (1998), S. 77.

mers optimalen organisatorischen Umgebung, so lässt sich diese im wesentlich an den folgenden Merkmalen festmachen:[135]

■ Unerlässlich für eine solche Organisation ist, dass sie ein hohes Maß an kreativem Chaos toleriert und selten auf der Einhaltung bestimmter formal festgelegter Vorgehensweisen beharrt, zumal diese in solchen Organisationen meist gar nicht existieren.

■ Ebenso bedeutsam ist die Abwesenheit detaillierter und einengender Planungs- und Kontrollsysteme, da konkrete, in exakte Pläne fließende Abschätzungen und darauf aufbauende Kontrollmechanismen für junge, innovative Unternehmen und deren Produkte in der frühen Unternehmensphase aufgrund des hohen Grades an Umweltunsicherheit nur selten möglich und daher wenig sinnvoll sind. Auch läuft ein stark auf die Rationalisierung und Formalisierung der Prozesse in der Organisation abzielendes Planungs- und Kontrollsystem der ausgeprägten Intuition, mit deren Hilfe der Unternehmer Situationen bewertet, zuwider.

■ Die permanente Kapitalnot junger Unternehmen wiederum führt dazu, dass diese von Anfang an sehr wirtschaftlich denken und handeln (müssen) und nur tatsächlich notwendige Gemeinkostenpositionen aufbauen werden. Die von außen herbeigeführte Rationierung von Kapital zwingt den Unternehmer insbesondere auch, die vorhandenen Humanressourcen beständig optimal zu nutzen und auch sich selbst maximal einzubringen.[136]

■ Auch im Hinblick auf den geschätzten Zeitraum zwischen Innovation und kommerziellem Erfolg des Produkts am Markt unterscheiden sich junge Unternehmen von anderen. Der Unternehmer ist vom Erfolg seiner Idee überzeugt und ist daher von starker Persistenz und langfristigem Denken geprägt.

■ Ein letztes Merkmal unternehmerischer Organisationen ist die adäquate Partizipation der Beteiligten an den Gewinn-, aber auch den Verlustmöglichkeiten des Unternehmens. Wird das neue Produkt wie vom Unternehmer vorausgesehen am Markt angenommen, so eröffnet sich diesem daraus eine enorme finanzielle Gewinnmöglichkeit, z.B. bei einem Börsengang. Viel bedeutsamer ist für den Unter-

---

[135] Vgl. Quinn (1979), S. 21.

[136] Die Kompensation fehlender finanzieller Mittel in der Anfangsphase eines Unternehmens durch das Engagement und die Arbeitskraft des Unternehmers wird oft auch als ,sweat capital' bezeichnet.

nehmer aber in vielen Fällen die Gewissheit, mit der eigenen Idee gegen alle Zweifel erfolgreich gewesen zu sein und die daraus erwachsende Bestätigung und Befriedigung.

Die organisatorischen Strukturen großer, seit langem am Markt etablierter Unternehmen stehen in starkem Kontrast zu den oben skizzierten Strukturen junger Unternehmen, die aber gerade den Bedürfnissen eines Unternehmers gerecht werden. Die verkrusteten, mechanistischen Strukturen großer Unternehmen, welche Kommunikationsbarrieren und Bereichsegoismen entstehen lassen, beschränken das erlaubte Interesse und den möglichen Handlungsspielraum der beteiligten Mitarbeiter auf genau vorbestimmte Tätigkeiten mit einer stark reglementierten, aber nicht notwendigerweise effizienten Ressourcennutzung.

Unternehmerische Kultur	Bürokratische Kultur
▪ Wandel als Chance	▪ Wandel als Bedrohung
▪ Kontrolliertes Risiko	▪ Defensive Risikoaversion
▪ Bereitschaft, Fehler zu begehen	▪ Angst vor Fehlern
▪ Bedingungslose Unterstützung von Ideen	▪ Infragestellen neuer Ideen
▪ Unterstützung durch den Sponsor	▪ Gehorsam gegenüber dem Chef
▪ Vision	▪ Instruktion und Regeln
▪ Sinngebung durch ganzheitlichen Ansatz	▪ Sinnentleerung durch Fragmentation
▪ Gegenseitiges Vertrauen und Freiheit	▪ Kontrolle
▪ Kundenorientierung	▪ Innenorientierung
▪ Auch kleine Innovationen werden gewürdigt	▪ Big-Bang-Innovationen

Abb. 5-3: Elemente einer dem internen Unternehmertum förderlichen Kultur (Quelle: Bitzer 1991, S. 37)

Bitzer (1991), S. 13f., hat in seiner Arbeit die folgenden innovationshemmenden Strukturmerkmale großer Unternehmen identifiziert:

▪ Die aus der Notwendigkeit der Arbeitsteilung heraus entstehende *Funktionsspezialisierung* und das damit einhergehende sequentielle und formale Vorgehen beim Innovationsprozess erhöht die Zahl der innerbetrieblichen Schnittstellen und verhindert den Aufbau integrativer, multifunktionaler und bereichsübergreifender Innovationsaktivitäten.

- *Exzessive Planungs- und Kontrollsysteme* verhindern riskante Innovationen, indem sie die Bereitschaft der Mitarbeiter zur Übernahme unternehmerischen Risikos hemmen und riskantes Verhalten bestrafen.

- Gleichzeitig führen *inadäquate Incentive-Systeme* dazu, dass sich die Übernahme eines unternehmerischen Risikos nicht lohnt, da den Gefahren von Karriere- oder Gehaltseinbußen keine entsprechenden Gewinnmöglichkeiten gegenüberstehen. Diese Systeme belohnen meist nur den Planerreichungsgrad, sehen aber für den Fall verpasster Chancen keine Sanktionen vor, wohingegen misslungene Innovationsversuche für die Beteiligten oft finanzielle Nachteile mit sich bringen.

- Der *kurze Zeithorizont* großer Unternehmen, der nicht zuletzt von den regelmäßigen Publizitätspflichten großer Kapitalgesellschaften herrührt, kann das Potential großer Innovationen nur selten richtig erfassen, da diese während der ersten Jahre kaum einen positiven Cashflow aufweisen.

- Ein weiterer Punkt ist das *eingeschränkte Innovationsverständnis* großer Unternehmen, wonach Entwicklungen außerhalb des Unternehmens als nicht mit den Haupttätigkeitsfeldern vereinbar angesehen werden.

- Zu weiten Teilen jedoch sind Innovationshemmnisse vor allem auf die *personellen Probleme großer Organisationen* zurückzuführen (vgl. Abbildung 5-3). Zum einen verhindert die stark bürokratische Kultur großer Unternehmen die Manifestation des in jedem Unternehmen latent vorhandenen Potentials an unternehmerischen Persönlichkeiten, zum anderen stoßen diese kreativen Querdenker immer wieder auf Widerstände innerhalb der Organisation, da sie ständig versuchen, tradierte und unhinterfragte Denk- und Handlungsmuster zu konterkarieren und zu überwinden.

Aus dieser kurzen Darstellung des Innenlebens großer Unternehmen wird intuitiv ersichtlich, dass ein solches Umfeld für einen Unternehmer denkbar wenig geeignet erscheint. Aus diesem Grund sind es in solchen Unternehmen meist Manager und nicht Unternehmer, die entsprechenden Führungspositionen einnehmen. Theodore Levitt beschreibt die Funktion des Managers wie folgt:

> „Management consists of the rational assessment of a situation and the systematic selection of goals and purposes (what is to be done?); the systematic development of strategies to achieve these goals; the marshalling of the required resources; the rational design, organization, direction, and control of the activities required to attain the selected purposes; and, finally, the motivating und rewarding of people who do the work." (Levitt: 1976, S. 73)

Während Manager versuchen, ein bestimmtes, mittels rationaler Planungsmethoden entwickeltes Ziel unter optimaler, d.h. kostenminimaler Nutzung der vorhandenen Ressourcen zu erreichen, wollen Unternehmer, ausgehend von der eigenen Intuition eine Vision zum Leben erwecken. Aufgabe des Managements ist die bürokratisch-administrative Führung der Organisation, d.h. der Versuch eines Ausgleichs zwischen den verschiedensten Interessenten in und um die Organisation, während es Aufgabe des Unternehmers als dynamisch-kreative Führung ist, neue Wege zu gehen und der Organisation neue Wege und Möglichkeiten zu erschließen.[137] In diesem Sinne sind Manager und Unternehmer zwei antagonistische Charaktere, bezogen auf ihre Motivation, ihre persönliche Lebensgeschichte und die Weise, wie sie denken und handeln.[138]

Zusammenfassend kann also festgestellt werden, dass große Unternehmen mit ihrem Hang zur Bürokratisierung kein attraktives Umfeld für Unternehmer im Sinne Schumpeters bieten können. Zwar kann man sicherlich davon ausgehen, dass in jeder großen Organisation mit einem entsprechend großen Stamm an Mitarbeitern eine Vielzahl latenter Unternehmerpersönlichkeiten vorhanden ist, die strukturellen Verkrustungen dieser Organisationen verhindern jedoch in den allermeisten Fällen, dass diese Menschen hervortreten und unternehmerisch handeln können. Somit führen diese strukturellen Probleme auf der einen Seite dazu, dass das innovative Potential des bestehenden Mitarbeiterstammes nicht hinreichend genutzt werden kann, auf der anderen Seite wird es der Unternehmensleitung nur schwer möglich sein, etwaige (begründet und unbegründet) konstatierte Innovationslücken durch Rekrutierung neuer, unternehmerisch denkender und handelnder Mitarbeiter zu schließen, da diese in dem Unternehmen kein für sie attraktives Umfeld finden würden.

Die Unternehmensleitung steht mithin vor der schwierigen Aufgabe, innerhalb der Organisation einen Entwicklungsprozess zu starten, der die Widerstände und strukturellen Verkrustungen systematisch überwindet und abbaut, um auf diese Weise Unternehmertum wieder als festen Bestandteil in der Organisation zu verankert. Gelingt es, diese treibenden Kräfte einer jeden Innovation wieder fest im Unternehmen zu

---

137 Zur Unterscheidung von bürokratisch-administrativer und dynamisch-kreativer Führung vgl. auch Bretz (1988), S. 135ff.

138 Eine umfassende Gegenüberstellung der charakterlichen Merkmale von Manager und Leader findet sich in Zaleznik (1977). Zwar spricht Zaleznik selbst nie vom Entrepreneur, Bretz (1988), S. 135, jedoch identifiziert in Leadership Zaleznik das spezifisch unternehmerische Element in der Führung von Unternehmen. Insofern können die Begriffe Leader und Entrepreneur bzw. Unternehmer in diesem Zusammenhang als synonym angesehen werden.

verheimaten, so wird dadurch auch die bestehende Innovationslücke wieder geschlossen werden können. Im folgenden Abschnitt wird nun untersucht, ob und auf welche Weise durch die Institutionalisierung eines Corporate Venture Capital-Programms eine Re-Vitalisierung des Unternehmertums in großen Unternehmen erreicht werden kann.

5.2.3 Stärkung des Unternehmertums durch Corporate Venture Capital

Als Ziel von Corporate Venture Capital-Aktivitäten großer Unternehmen wird neben technologischen Überlegungen auch immer wieder der Versuch einer Wiederbelebung unternehmerischen Denkens und Handelns in der Organisationen genannt, da sich die Unternehmensleitung hiervon einen positiven Einfluss auf die Innovationskraft des Unternehmens verspricht.

Im vorhergehenden Abschnitt wurde darauf hingewiesen, dass die Grundmerkmale großer Organisationen als wenig günstig für das Auftauchen von Unternehmertum erachtet werden müssen. Daraus aber den Umkehrschluss zu ziehen, große Unternehmen könnten und müssten, um unternehmerisch zu handeln, ihr bürokratisches Erbe in Gänze hinter sich lassen, scheint überzogen und wenig realistisch.[139] Derart komplexe Strukturen, wie sie große Organisationen fast selbstverständlich mit sich bringen, sind grundsätzlich durchaus sinnvoll, ja sogar notwendig, um Kompetenzen und Verantwortungen zwischen den Organisationsteilnehmern klar aufzuteilen und interne Abläufe effizient zu strukturieren. Problematisch wird eine solche Entwicklung erst dann, wenn das oben skizzierte Management-Denken mit seinen formal- und bürokratielastigen Tendenzen die Vorstellungen und Handlungsweisen in der Kultur der Organisation so stark prägt, dass der Freiraum, in dem kreative Mitarbeiter eigenen Ideen und Vorstellungen nachgehen könnten, auf ein von diesen nicht mehr wahrnehmbares Minimum reduziert oder gar vollständig unterdrückt wird.

Mit der Errichtung eines Corporate Venture Capital-Programms wird nun von der Unternehmensleitung der Versuch unternommen, wenn schon nicht unternehmerisch geprägtes Denken und Handeln zum kulturellen Primat der Gesamtorganisation zu machen, dann doch zumindest eigenständige und separate Teilbereiche innerhalb der

---

[139] So ist z.B. die Aufforderung Macreas (1976), S. 42, dass „(...) successful big corporations should devolve into becoming confederations of entrepreneurs" mehr als eine Art kritischer Stachel zu verstehen, indem er auf den Mangel an Unternehmertum in großen Unternehmen aufmerksam macht.

Organisation zu erschaffen und zu erhalten, in denen unternehmerisch gesinnte Mitarbeiter an der Realisierung eigener Ideen und Visionen arbeiten können.

Insbesondere die Möglichkeiten interner Venture-Programme scheinen besonders geeignet zu sein, bestehenden, aber auch möglichen zukünftigen Mitarbeitern diesen unternehmerischen Freiraum zu gewähren, ohne dass sie das Unternehmen verlassen müssen oder gar nicht erst eintreten.[140] Dies wird am ehesten deutlich, wenn man auf das wesentliche Instrument interner Venture-Programme, nämlich so genannte Spin-Offs, rekurriert.

Als Spin-Off bezeichnet man, wie bereits erwähnt, die Gründung eines Unternehmens durch Mitarbeiter eines Industrieunternehmens, wobei das Mutterunternehmen in aller Regel eine Kapitalbeteiligung an dem jungen Unternehmen eingeht, deren prozentuale Höhe je nach Situation unterschiedlich sein wird. Diese Gründer versuchen dadurch, eine technologische Idee außerhalb des Mutterunternehmens in eigener Verantwortung zu realisieren, unabhängig davon, ob diese Idee einen Bezug zum bestehenden Produktportfolio des Mutterunternehmens hat oder nicht. Somit ist mit einem Spin-Off immer ein Transfer von Personen und Wissen von bestehenden in neu zu gründende Unternehmen verbunden. Daneben wird die Gründungseinheit auch oft durch weitere Kapitalhilfen, durch Überlassung von Patenten oder technischen Geräten, durch die Bereitstellung von Räumen und anderen Ressourcen, aber insbesondere auch durch die Möglichkeit des Zugriffs auf das Vertriebsnetz und entsprechende Firmenkontakte des Mutterunternehmens unterstützt.[141] Obschon das junge Unternehmen in allen möglichen Belangen vom Mutterunternehmen unterstützt wird, muss es sich doch eigenständig am Markt bewähren.

Dieser Sprung in die Selbständigkeit hat natürlich für die Unternehmensgründer weitreichende Konsequenzen, sowohl im positiven wie im negativen Sinne. Betrachtet man die Situation der Mitarbeiter nach Gründung ihres Unternehmens, so lässt sich trotz der weiterhin bestehenden Nähe zum Mutterunternehmen doch feststellen, dass diese selbständigen Unternehmer in ihrem Denken und Handeln doch sehr stark dem

---

[140] Die Erscheinung, dass kreative Mitarbeiter ein Unternehmen verlassen, um sich entweder selbständig zu machen oder in ein anderes Unternehmen einzutreten, wird oft auch als ,brain drain' bezeichnet. Dieses Phänomen stellt eine bedeutende Gefahr für große Unternehmen dar, da insbesondere in High-Tech-Industrien die Humanressourcen, d.h. das Know-how der eigenen Mitarbeiter, als die wettbewerbsentscheidende Ressource schlechthin angesehen wird (vgl. auch The Wall Street Journal 1984).

[141] Vgl. nochmals Maselli (1997), S. 12ff.

ähneln werden, was weiter oben mit dem Begriff des Unternehmers in Verbindung gebracht wurde. Insbesondere in Bezug auf die Motive des Unternehmers lässt sich ein hoher Grad an Übereinstimmung feststellen (vgl. hierzu nochmals Abschnitt 5.2.1):

■ Den Willen, ein privates Reich zu gründen, sieht Schumpeter auch in enger Verbindung mit einem Gefühl von Macht und Selbständigkeit. Durch die Ausgliederung ist trotz einer kapitalmäßigen Beteiligung der Mutter ein hohes Maß an Selbständigkeit und Unabhängigkeit in Bezug auf das eigene Handeln gewährleistet, das innerhalb der herkömmlichen Organisationsstruktur des Industrieunternehmens wohl nicht erreicht werden könnte.[142] Überdies erwachsen den Unternehmensgründern aufgrund der selbst gehaltenen Anteile an dem Spin-Off-Unternehmen auch große finanzielle Gewinnmöglichkeiten, sofern das Unternehmen in der Zukunft am Markt erfolgreich bestehen kann.

■ Zum zweiten geht es dem Unternehmer darum, sich selbst und seine Idee gegen äußere Widerstände zu beweisen. Schumpeter selbst zieht hier Vergleiche zum Boxsport, bei dem jeder der Kontrahenten von der eigenen Stärke und den eigenen Siegeschancen überzeugt ist.[143] Die Unternehmensgründer sehen in ihrem Spin-Off auch eine Möglichkeit, die Produktidee, von deren Erfolgsaussichten sie selbst überzeugt sind, zum Markterfolg zu führen. Unter Umständen haben sie ihre innovative Produktidee ja vorher sogar im Mutterunternehmen intern vorgeschlagen, wurden von der Bereichsleitung aber abgelehnt, weil das Produkt nicht zum Produktportfolio des Gesamtunternehmens passte.

■ Das dritte Motiv, das Schumpeter aufführt, behandelt die Freude am Gestalten, die Suche nach Herausforderungen und deren erfolgreiche Bewältigung durch den Unternehmer. Die eigenverantwortliche Führung eines Unternehmens ist mit Sicherheit ein Unterfangen, welches von einem nicht unbeträchtlichen Risiko begleitet ist, auch wenn die Unternehmer bei Misslingen wieder in das Mutterunternehmen zurückkehren können. Im Fall des Misserfolgs müssen die ‚temporären'

---

[142] Selbstverständlich gilt diese Unabhängigkeit nur insoweit, als es die Gestaltung und Führung der eigenen Organisation anbelangt. Das Spin-Off-Unternehmen ist auch weiterhin allen marktmäßigen Bewegungen und Zwängen unterworfen wie ein großes Unternehmen und muss selbstverständlich auch weiterhin die Überlegungen des Mutterunternehmens berücksichtigen, zwar nicht mehr als Vorgesetzter, aber immerhin als Miteigentümer.

[143] Vgl. Schumpeter (1996), S. 207.

Unternehmer sowohl mit Rückschlägen in Bezug auf ihre Karriere im Mutterunternehmen als auch mit finanziellen Einbußen rechnen.

Aus diesen Darlegungen wird deutlich, dass ein umfassendes Corporate Venture Capital-Programm eines großen und gereiften Industrieunternehmens, insbesondere dann, wenn es die Möglichkeiten interner Venture-Aktivitäten nutzt, durchaus in der Lage sein kann, innerhalb der bestehenden Organisationsstruktur Teilbereiche zu erschaffen, in denen unternehmerisch denkende und handelnde Mitarbeiter eigene Ideen verfolgen und unternehmerisch tätig werden können. Insofern können solche Teilbereiche auch als Brutstätte für ein wieder entstehendes Unternehmertum in etablierten Organisationen angesehen werden, d.h. die hier immer wieder aufgeworfenen Frage, inwieweit ein Corporate Venture Capital-Programm dazu beitragen kann, das Unternehmertum in großen Unternehmen zu stärken, kann grundsätzlich positiv beantwortet werden. Inwieweit solche Bemühungen nun tatsächlich von Erfolg gekrönt sind, hängt von einer Vielzahl von Faktoren ab, nicht zuletzt davon, inwieweit es gelingt, ein neu erstarktes Unternehmertum auch jenseits dieser extra für diesen Zweck geschaffenen Teilbereiche der Organisation zu etablieren.

5.3 Zusammenfassung und Fazit

Ausgangspunkt der bisherigen Überlegungen war das in der Einleitung festgestellte Phänomen der Innovationslücke zwischen großen und kleinen Unternehmen, die sich vor allem darin manifestierte, dass ein großer Teil aller technologischen Innovationen, die am Markt beobachtet werden können, ihren Ursprung in kleinen, jungen Unternehmen haben. Als Hauptursachen, die für diese Entwicklung verantwortlich sind, wurde die zunehmende Bürokratisierung etablierter Organisationen identifiziert. Diese führte zum einen dazu, dass dem Unternehmen immer mehr des eigenen kreativen Potentials abhanden kam, sei es aufgrund des Unvermögens einer großen Organisation, das Potential der eigenen Mitarbeiter zu erkennen und entsprechend zu nutzen oder durch die Abwanderung frustrierter und desillusionierter Mitarbeiter. Zum anderen sind solche stark bürokratisierten Organisationen aufgrund herausgebildeter Informationspathologien nur selten in der Lage, schwache Signale aus dem organisatorischen Feld, die auf mögliche Phasen technologischer Diskontinuitäten schließen lassen, adäquat zu erkennen und zu verarbeiten, da ihnen die hierfür notwendige organisatorische Sensibilität verloren gegangen ist.

Mit der Übertragung des Modells der Unternehmensfinanzierung durch Venture Capital wird nun von großen Unternehmen der Versuch unternommen, diese Innovationslücke zumindest zu reduzieren. Neben einem attraktiven Return on Investment verbinden diese Unternehmen mit der Errichtung eines solchen Corporate Venture Capital-Programms vor allem die Erwartung der Realisierung strategischer Ziele, um die besagte Lücke zu schließen. Zum einen geht es ihnen darum, frühzeitig technologische Veränderungen zu erkennen und sie dann auch für sich selbst nutzbar machen zu können, indem vorhandene Defizite in bestehenden Verfahren der Technologiebeobachtung und des Technologietransfers abgeschwächt oder sogar überwunden werden. Zum anderen wird der Versuch unternommen, auf diese Weise das unternehmerische Element im Sinne Schumpeters wieder in der Organisation zu beheimaten, was dazu führen soll, besagtes kreative Potential in Form der entsprechenden Mitarbeiter im Unternehmen zu halten und dadurch dieses innovative Potential dem Unternehmen verfügbar zu machen.

Man kann wohl auf der Basis der bisherigen Ausführungen den Schluss ziehen, dass ein adäquat konfiguriertes Corporate Venture Capital-Programm tatsächlich in der Lage sein kann, für das Unternehmen sowohl ein Window on Technology zu eröffnen bzw. die bisherigen Aktivitäten sinnvoll zu unterstützen, als auch das unternehmerische Element im Unternehmen zu stärken. Hierbei hat es sich gezeigt, dass zur Verbesserung der Systeme für Technologiebeobachtung und -transfer vor allem externe Venture-Aktivitäten geeignet sind, während die Stärkung des Unternehmertums vor allem durch interne Venture-Aktivitäten unterstützt werden kann.

Die konstatierte Innovationsschwäche großer Unternehmen zeigt sich, wie oben ausgeführt, weniger in einem allgemeinen Ideenmangel, sondern vielmehr in dem Unvermögen, eigene Ideen oder Erfindungen in kommerziell erfolgreiche Innovationen umsetzen zu können. Die Hauptursache hierfür ist die auf organisatorische Konsistenz und Effizienz gerichtete Bürokratie großer Organisationen und die sich daraus ergebende abnehmende adaptive Kompetenz dieser Organisation bei gleichzeitig zunehmender Dynamisierung der Umwelt.[144] Mit der Institutionalisierung eines Corporate Venture Capital-Programms gelingt es zwar nicht, die grundsätzliche Ausbildung bürokratischer Strukturen zu verhindern oder gar diese Entwicklung umzukehren, zumindest jedoch können Auswirkungen dieser Entwicklungen auf die Fähigkeit des Unternehmens, eigene Ideen in am Markt erfolgreiche Innovationen umzusetzen, abgeschwächt werden.

Allerdings erscheint es geboten, um der Innovationsschwäche großer Unternehmen umfassend begegnen zu können, die Venture-Aktivitäten nicht einseitig intern oder

---

[144] Vgl. nochmals Bitzer (1991), S. 13.

extern auszurichten. Erst eine komplementäre Vorgehensweise wird eine wirkliche Verbesserung der Innovationskraft bewirken können. Die Nutzung interner Venture-Aktivitäten ist in der Lage, das unternehmerische Denken und Handeln in der Organisation wieder zu verstärken, was dazu führt, dass kreative Mitarbeiter eigene Ideen jenseits des existierenden Produktportfolios des Unternehmens realisieren können, ohne hierfür das Unternehmen verlassen zu müssen. Gleichzeitig können auf diesem Wege auch bestehende Informationspathologien beseitigt werden, deren Folge eine geringere Sensibilität gegenüber technologischen und sonstigen Veränderungen der organisatorischen Umwelt war, was ja oftmals dazu führte, dass große Unternehmen die Signifikanz sich abzeichnender technologischer Diskontinuitäten für das eigene Unternehmen nicht entsprechend wahrnehmen konnten. Die Reduzierung dieser Pathologien verbessert dann auch die Fähigkeit des Unternehmens, neue technologische Erkenntnisse, die auch über den Weg eines extern ausgerichteten Corporate Venture Capital-Programms erworben worden sein können, für das Wachstum und die Entwicklung des Unternehmens zu nutzen.

Somit kann abschließend konstatiert werden, dass die Einrichtung eines adäquat ausgerichteten und entsprechend der Bedingungen des organisatorischen Feldes konfigurierten Corporate Venture Capital-Programms, vor allem unter Einbeziehung sowohl interner als auch externer Aktivitäten, als sinnvolles Werkzeug angesehen werden kann, die Innovationskraft großer Unternehmen wieder zu stärken und somit die existierende Innovationslücke zwischen großen und kleinen Unternehmen zu schließen.

6 Messung des strategischen Erfolgs von Corporate Venture Capital

Im Mittelpunkt des vorherigen Kapitals stand die Frage, ob für große Unternehmen in der Übertragung des Modells der Venture Capital-Finanzierung in den eigenen Unternehmensbereich hinein eine Möglichkeit liegen könnte, die Innovationslücke zwischen großen und kleinen Unternehmen zu verkleinern. Für die Leitung eines großen Unternehmens, vor allem aber für diejenigen Führungskräfte, die innerhalb des Unternehmens gegenüber der Unternehmensleitung für die Corporate Venture Capital-Aktivitäten verantwortlich sind, schließt sich daran eine zweite wesentliche Frage an, nämlich die nach Möglichkeit und Formen der Messung eines etwaigen Beitrags, den das etablierte Corporate Venture Capital-Programm bei der Stärkung der Innovationskraft des großen Unternehmens geleistet hat. Schließlich ist es durchaus denkbar, dass Initiierung eines solchen Programms und Verbesserung der technologischen Position zwar in den gleichen Zeitraum fallen, zwischen beiden aber keine feststellbare kausale Verbindung besteht. Die hohe Bedeutung dieser Frage für die Unternehmensleitung ist nicht zuletzt vor dem Hintergrund des zunehmenden Einflusses des Kapitalmarkts auf die Gestaltung der Unternehmenspolitik großer Unternehmen zu sehen.[145]

Wenn jedoch im Rahmen dieser Arbeit vom Erfolg eines Corporate Venture Capital-Programms die Rede ist, so darf dies nicht kurzschlüssig mit einem finanziellen Erfolg gleichgesetzt werden. Viel entscheidender für das Überleben und die Weiterentwicklung eines Unternehmens ist eine langfristige Steigerung des Unternehmenswerts und nicht die kurzfristige Erzielung einer attraktiven Verzinsung auf das eingesetzte Kapital. Eine solche Wertsteigerung lässt sich aber nicht mit kurzfristigen Kapitalgewinnen, sondern nur durch die Etablierung dominanter Marktpositionen und die Entwicklung attraktiver Produkte und Dienstleistungen erreichen. In diesem Sinne erscheint also der langfristige strategische Erfolg solcher Programme wesentlich bedeutsamer zu sein als kurzfristige finanzielle Erfolgsmaßstäbe.

---

[145] Exemplarisch hierfür sei der prominente Shareholder-Value-Ansatz von Rappaport (1995) angeführt, der im wesentlichen auf der Vorstellung beruht, dass alle Maßnahmen und Entscheidungen einer Unternehmensleitung stets dahingehend bewertet werden müssen, inwieweit sie den heutigen Barwert der Summe aller Anteile des Unternehmens (d.h. den Shareholder Value oder heutigen Unternehmenswert) positiv oder negativ beeinflussen.

Im Mittelpunkt der folgenden Überlegungen steht also die Frage, welche grundsätzlichen Möglichkeiten der Messung des (strategischen) Innovationserfolgs es gibt, und welche dieser Methoden für die Messung des Beitrags des Corporate Venture Capital-Programme bei der Stärkung der Innovationskraft besonders geeignet scheinen. Zu diesem Zweck werden die beiden im dritten Hauptkapitel differenziert betrachteten strategischen Zielsetzungen, nämlich Technologiebeobachtung und -transfer auf der einen Seite und Stärkung des Unternehmertums auf der anderen Seite in einer einzigen strategische Zielsetzung zusammengefasst, da eine getrennte Analyse beider Ziele wohl auch nur umständlich realisierbar wäre.

6.1 Möglichkeiten und Grenzen von Technologieportfolios

Die Literatur zum Themenfeld des strategischen Technologie-Managements, das sich ja auch mit Fragen der Messung des Erfolgs betrieblicher Innovationsaktivitäten beschäftigen muss, kennt eine Vielzahl unterschiedlicher Methoden zur Messung und Darstellung der technologischen Position eines Unternehmens. Neben kennzahlendominierten Systemen[146], die meist auf dem internen Rechenwerk des Unternehmens basieren, werden vor allem Technologieportfolios zur Darstellung von Technologiepositionen und Innovationsaktivitäten genutzt.

6.1.1 Grundelemente herkömmlicher Technologieportfolios

Der Grundgedanke aller Portfolio-Konzepte besteht darin, das Unternehmen als ein Bündel von Analyseobjekten, wie z.B. Produkten, Märkten, Regionen, aber auch Technologien zu betrachten. Hierzu werden unternehmensexterne, d.h. vom Unternehmen nicht beeinflussbare Umweltparameter, und unternehmensinterne, d.h. vom Unternehmen durchaus beeinflussbare Parameter zu zwei Dimensionen verdichtet, die dann an den beiden Achsen einer Matrix abgetragen werden. In dieser Matrix werden dann die Analyseobjekte entsprechend ihrer tatsächlichen Situation positioniert. Aus dieser Position werden dann Normstrategien für die einzelnen Objekte abgeleitet, die Aussage darüber geben, welche möglichen Handlungsalternativen sich dem Unternehmen in Bezug auf die einzelnen Objekte bieten.

In diesem Sinne stellt die Verwendung von Technologieportfolios den Versuch dar, den Portfolio-Gedanken, wie er gerade skizziert wurde, auch für die Analyse der

---

146 Hierunter fällt beispielsweise die Bestimmung der umsatzbezogenen FuE-Aufwandsintensität oder die personalbezogene FuE-Aufwandsintensität (vgl. hierzu auch Gerpott 1999, S. 78ff.).

technologischen Positionen eines Unternehmens im Wettbewerb zu nutzen. Der Hauptgrund für das vermehrte Auftauchen und die stärkere Betonung einer Notwendigkeit technologisch orientierter Portfolio-Konzepte liegt in der nur wenig zufrieden stellenden Berücksichtigung der Technologiedimension in herkömmlichen Portfolio-Konzepten.[147]

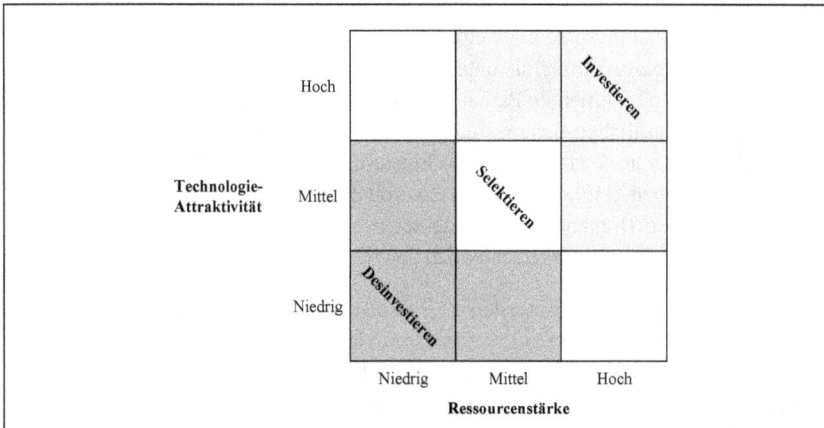

Abb. 6-1: Technologieportfolio von Pfeiffer (Quelle: Pfeiffer et al. 1986, S. 122)

In der Literatur existieren zwar eine Vielzahl unterschiedlicher Technologieportfolio-Ansätze,[148] jedoch soll im Folgenden anhand eines einzelnen prominenten Ansatzes, nämlich dem von Pfeiffer et al. (1986, 1991) der grundsätzliche Aufbau solcher Portfolios erläutert werden (vgl. auch Abbildung 6-1). Ziel dieses Ansatzes ist es, alle angewandten und potentiellen Technologien eines Unternehmens in einer 9-Felder-Matrix anhand der Dimensionen Technologieattraktivität (unternehmensextern) und Ressourcenstärke (unternehmensintern) zu positionieren, um anschließend auf Basis die-

---

[147] Die bekanntesten, meist eher markt-orientierten Portfolio-Konzepte sind die Marktanteils-Marktwachstums-Matrix der Boston Consulting Group, die Marktattraktivitäts-Wettbewerbs-vorteils-Matrizen von McKinsey und General Electric sowie die Lebenszyklus-Wettbewerbspositions-Matrix von Arthur D. Litte (vgl. die zusammenfassenden Darstellungen und kritischen Würdigungen bei Kreilkamp 1987, S. 445ff.). Die technologische Dimension findet bei diesen Konzepten nur insoweit Eingang in die Betrachtung, als implizit davon ausgegangen wird, dass die Beherrschung attraktiver Technologien durch das Unternehmen einen höheren Marktanteil ermöglicht.

[148] Für eine umfassende Darstellung bekannter Technologieportfolio-Ansätze vgl. auch Gerpott (1999), S. 150ff., oder Wolfrum (1994), S. 224ff.

ser Ist-Darstellung und der gewünschter Soll-Vorstellungen der einzelnen Technologien FuE-Prioritäten für unternehmensinterne angewandte Entwicklungsprojekte abzuleiten.

Auf der Ordinate der Technologieportfolio-Matrix wird die *Technologieattraktivität* abgetragen. Diese unternehmensexterne Dimension stellt eine Verdichtung verschiedener externer Umweltparameter dar und beschreibt die technischen und wirtschaftlichen Weiterentwicklungspotentiale einer Technologie. Die auf der Abszisse abgetragene eigene *Ressourcenstärke* als unternehmensinterne Dimension stellt ebenso eine Verdichtung mehrerer interner Parameter dar und bezeichnet den Grad der technischen und wirtschaftlichen Beherrschung der Technologie durch das Unternehmen, in der Regel relativ zum Wettbewerb. Die Einstufung der Technologien bezüglich der beiden Dimensionen erfolgt auf der Basis von Expertenmeinungen, wobei je nach Technologie sowie Branchen- und Unternehmenssituation einzelne Teilindikatoren innerhalb einer Dimension unterschiedlich gewichtet werden können.

Nach erfolgter Positionierung werden im Rahmen einer strategischen Auswertung des Portfolios aus den gewonnenen Erkenntnissen Handlungsempfehlungen bzw. Normstrategien für die konkrete Ausgestaltung aktueller und zukünftiger FuE-Aktivitäten abgeleitet. Während Unternehmen bei Technologien, die sowohl hohe Technologieattraktivität als auch hohe eigene Ressourcenstärke aufweisen, deutliche Schwerpunkte bei diesbezüglichen FuE-Investitionen setzen sollten, müssen bei Technologien mit geringer Attraktivität und niedriger Ressourcenstärke auch Desinvestitionsalternativen geprüft werden. Für den Fall, dass eine Technologie im Diagonalbereich der Matrix positioniert ist, kann der Ansatz keine klaren Handlungsempfehlungen geben und rät entsprechend zu selektivem Vorgehen, d.h. Erweiterung der Perspektive bei der Bewertung dieser Technologien und Berücksichtigung weiterer Parameter, die in die Betrachtung bis jetzt noch nicht eingeflossen sind.

6.1.2 Kritische Würdigung von Technologieportfolios

Der wesentliche Vorteil einer Anwendung von Technologieportfolios zur Analyse technologischer Position des eigenen Unternehmens liegt in der Möglichkeit der Verdichtung mehrerer Entscheidungsvariablen (im Falle des Ansatzes von Pfeiffer et al. sind dies vor allem Weiterentwicklungspotential und Anwendungsbreite der Technologie ganz allgemein, aber auch der eigene technisch-qualitative Beherrschungsgrad und die Möglichkeit des Aufbaus von Markteintrittsbarrieren in Bezug auf diese Technologie) auf zwei Dimensionen, von denen die eine alle wesentlichen unternehmensexternen, die andere alle wesentlichen unternehmensinternen Parameter beinhaltet. Auf diese Weise können komplexe Entscheidungssituationen überschaubar dargestellt und effiziente Allokationsentscheidungen im FuE-Bereich getroffen werden.[149] Obgleich damit natürlich auch immer die potentielle Gefahr willkürlicher Auswahl oder übermäßiger Komplexitätsreduktion einhergeht, stellen Technologieportfolios ein eigenständiges und hilfreiches Analyseinstrumentarium für das Untersuchungsobjekt Technologie zur Verfügung.[150]

Neben diesen augenscheinlichen Vorteilen hat die Analyse mittels Technologieportfolios aber auch entscheidende Nachteile.[151] Diese werden vor allem dann deutlich, wenn man diese Ansätze vor dem Hintergrund der hier interessierenden Fragestellung beurteilt. Um eine Veränderung der Innovationsstärke des Unternehmens sinnvoll messen zu können, ist es vor allem notwendig, Daten zur Verfügung zu haben, die längere Zeiträume umfassen, innerhalb dieser Zeiträume aber stets objektiv vergleichbar sind. Das große Problem herkömmlicher Technologieportfolios liegt aber in der Subjektivität der erhobenen Daten.[152] Die Datenbasis für diese Technologieportfolios bildet in der Regel eine Expertenbefragung oder ein ähnliches Verfahren.[153] Diese subjektiven Bewertungen von Technologiepositionen können zu unterschiedlichen Einschätzungen identischer Gegebenheiten führen.[154] Zwar kann diesem Problem durch Aggregation einer größeren Grundgesamtheit zumindest teilweise begegnet werden, jedoch erscheint es in der Praxis aus Zeit- und Kostengründen wenig sinnvoll, eine solch große Zahl von Experten zu befragen. Die Subjektivität der erhobenen Daten führt natürlich auch dazu, dass eine Konstruktion zuverlässiger Zeitreihen, die für eine dynamische Auswertung notwendig sind, deutlich erschwert wird.

---

[149] Vgl. Ernst (1996), S. 115f.

[150] Vgl. Wolfrum (1994), S. 227.

[151] Natürlich treffen für Technologieportfolios die gleichen Kritikpunkte wie für andere Portfoliomethoden zu. Diese werden aber an anderer Stelle bereits ausführlich diskutiert (vgl. Wolfrum 1994, S. 243ff., oder Gerpott 1999, S. 162f.) und sollen an dieser Stelle nicht weiter erwähnt werden.

[152] Vgl. Ernst (1996), S. 116, Ernst (1999), S. 111.

[153] Zu einer Beschreibung dieser und anderer Methoden der Informationsgewinnung (z.B. Delphi-Methode oder Analogieverfahren) vgl. Wolfrum (1994), S. 154ff.

[154] Möhrle/Voigt (1993), S. 981ff., berichten von Beobachtungen, dass Experten bei der Einschätzung technologischer Sachverhalte erstens nicht alle vorgegebenen Kriterien beurteilen können, und zweitens z.T. erhebliche Unterschiede zwischen den Expertenmeinungen bestanden. So lag die Abweichung der Urteile auf einer 10-Punkte-Skala in 17 Prozent der Fälle bei 5 Punkten.

Ein zweiter Nachteil besteht darin, dass jedes Technologieportfolio für sich nur eine Momentaufnahme fokaler Technologiefelder ist. Keiner der existierenden Ansätze versucht, innerhalb einer Matrix dynamische Veränderungen der einzelnen Größen aufzuzeigen.[155] Auf diese Weise müssen Fragen wie die nach der Veränderung der Attraktivität eines einzelnen Technologiefeldes oder die nach der Verbesserung eigener Fähigkeiten im Umgang mit einer spezifischen Technologie aufgrund der fehlenden Öffnung herkömmlicher Ansätze gegenüber dynamischen Betrachtungen unbeantwortet bleiben. Nun ist es zwar durchaus möglich, beispielsweise zwei Technologieportfolios zu unterschiedlichen Zeitpunkten zu konstruieren, die dann jedes für sich eine Momentaufnahme der Technologieposition des Unternehmens darstellen. Aus der Gegenüberstellung dieser beiden Portfolios lassen sich ja dann möglicherweise Rückschlüsse über die Dynamik der eigenen Technologieposition über die Zeit machen. Aufgrund der inhärenten Subjektivität des Verfahrens, vor allem möglicher Veränderung der Zusammensetzung der befragten Expertengruppe über den langen Zeitraum, ist es jedoch kaum möglich, die Aussagen dieser beiden Momentaufnahmen objektiv zu vergleichen, um daraus eine Veränderung der technologischen Positionen des Unternehmens abzuleiten.

Zusammenfassend kann also festgehalten werden, dass traditionelle Technologieportfolios trotz der grundsätzlichen Eignung des Portfolio-Gedankens für die Darstellung technologischer Stärken und Schwächen nicht in der Lage sind, Veränderungen der technologischen Position des Unternehmens adäquat zu erfassen. Ursachen hierfür sind die inhärente Subjektivität der Datenerhebung und die fehlende Integration historischer Betrachtungen in die Verfahren. Daher müssen solche Ansätze für den Zweck einer Messung der tatsächlichen Stärkung der Innovationskraft durch die Corporate Venture Capital-Aktivitäten großer Unternehmen abgelehnt bzw. entsprechend ergänzt werden. Im folgenden Abschnitt soll der Frage nachgegangen werden, inwieweit Patentportfolios einen möglichen Weg darstellen könnten, diesen Defiziten zu begegnen.

6.2 Nutzung von Patentportfolios

Wie wir gesehen haben, leiden herkömmliche Technologieportfolio-Ansätze zum einen an einer stark subjektiven Datenbasis, zum anderen an fehlenden dynamischen Elementen. Aus diesem Grund scheinen sie für die hier interessierende Frage leider

---

[155] Vgl. Ernst (1999), S. 111f.

nur wenig geeignet. Genau diesem Defizit herkömmlicher Technologieportfolios versuchen neuere Ansätze dadurch zu begegnen, indem sie sich nicht länger auf subjektive Expertenbefragungen, sondern auf objektive Daten stützen. Eine Quelle für solche objektiven technologiebezogenen Daten stellen Patentinformationen dar, die dann in entsprechenden Patentportfolios ihre graphische Darstellung finden können.

6.2.1 Vorteile von Patentportfolios gegenüber Technologieportfolios

Grundsätzlich stellen Patentportfolios nur eine Erweiterung bestehender Technologieportfolios dar, indem sie versuchen, den beschriebenen Defiziten herkömmlicher Verfahren durch Rückgriff auf objektive und umfassend verfügbare Daten zu begegnen. Dies geschieht unter Nutzung von Patentinformationen, die aus einer Vielzahl von international bei den jeweiligen Patentämtern, aber auch bei kommerziellen Anbietern verfügbaren Patentdatenbanken gewonnen werden können.

Um aus der Auswertung von Patentinformationen sinnvolle Rückschlüsse auf die eigene Innovationstätigkeit ziehen zu können, ist es zunächst einmal notwendig, einen ausreichenden Kausalzusammenhang zwischen der Patentaktivität eines Unternehmens, dessen Innovationsleistungen und dem Unternehmenserfolg etablieren zu können. In der Literatur existieren zahlreiche empirische Untersuchungen, die einen solchen positiven Zusammenhang zwischen den Patentaktivitäten, der Zahl und Qualität der Innovationen und dem sich anschließenden Unternehmenserfolg festgestellt haben.[156] Ein solcher Zusammenhang erscheint auch intuitiv nachvollziehbar. Aufgrund der hohen Kosten einer Patentanmeldung werden Unternehmen nur solche technologischen Innovationen anmelden, von denen sie sich einen großen kommerziellen Erfolg erwarten. Daher kann davon ausgegangen werden, dass Unternehmen mit einer größeren Zahl von Patentanmeldungen in einer Industrie eine technologisch führende Position innehaben werden, aus der heraus es ihnen gelingt, den Markteintritt möglicher Konkurrenten abzuwehren. Aus dieser Position heraus kann ein solches Unternehmen dann auch entsprechende Gewinne erzielen.[157]

Für die Verwendung von Patentinformationen als Basis einer Bewertung der eigenen Technologieposition führt beispielsweise Ernst (1996), S. 30ff., eine Vielzahl von Gründen auf, von denen die wesentlichen im Folgenden genannt werden sollen:

---

[156] Vgl. Ernst (1996), S. 140f., S. 254, und die dort angegebene Literatur.

[157] Diese Marktstellung eines Unternehmens wurde bereits in der Einleitung mit dem Begriff first-mover-Position (vgl. nochmals Mirow 1998, S. 484) bezeichnet.

(1) Der entscheidende Vorteil von Patentinformationen gegenüber mit herkömmlichen Methoden gewonnenen Daten liegt in der *Objektivität der verfügbaren Informationen*. Jedes Patentamt speichert die bei einer Patentanmeldung anfallenden Daten in einer genormten Datenbank. Aus dieser Datenquelle können aufgrund des hohen Detaillierungsgrades der Patentinformationen eine Vielzahl von nützlichen Daten gewonnen werden, die für die Erstellung von Patentportfolios sehr wertvoll sind, so z.B. die Zahl der Patentanmeldungen pro Anmelder, die Zahl unterschiedlicher Patentanmelder in einem Technologiefeld, das Verhältnis angemeldeter zu erteilten Patenten pro Anmelder und Technologiefeld, die Zahl der Verlängerungen pro Patent und Technologiefeld, aber auch Zitationsquoten, die darüber Auskunft geben, wie oft ein bestimmtes erteiltes Patent in nachfolgenden Patentanmeldungen anderer Patentanmelder zitiert wurde. Selbstverständlich können diese Zahlen auch relativ, d.h. bezogen auf eine Kontrollgröße wie die entsprechenden Patentwerte des Marktführers, ermittelt werden oder die Veränderung der Daten über die Zeit in Form von Wachstumsraten erfassen. Somit wäre es grundsätzlich möglich, auf der Basis von Patentzahlen dynamische Betrachtungen von Technologiefeldern anzustellen, da die Daten unterschiedlicher Zeiträume oder -punkte aufgrund der objektiven Bewertungsmöglichkeiten des Patentverfahrens dennoch stets vergleichbar wären.

(2) Ein zweiter Vorteil liegt in der *Qualität der verfügbaren Datenbestände*. Im Gegensatz zu Experten, die jeder für sich trotz ihrer Expertenposition jeweils nur über einen Bruchteil des globalen technologischen Wissens verfügen können, kann mit Hilfe von Patentanalysen ein immens großer Pool technologischer Informationen angezapft werden. Verschiedene Autoren gehen davon aus, dass zwischen 80 und 90 Prozent des weltweit veröffentlichten technologischen Wissens in der Patentliteratur zu finden ist.[158] Durch die Nutzung öffentlicher und kommerzieller Patentdatenbanken hat das Unternehmen Zugriff auf diesen weltweiten Datenpool. Darüber hinaus werden alle Patentdokumente anhand eines international einheitlichen technologischen Klassifikationsschemas, der ‚International Patent Classification' (IPC), sehr detailliert nach inhaltlichen Kriterien geordnet. Dies ermöglicht die Analyse technologischer Positionen nach exakt definierten Technologiefeldern.

Aus diesen Überlegungen heraus wird leicht der Vorteil von Patentportfolios gegenüber herkömmlichen Technologieportfolios ersichtlich. Die Objektivität und Qualität der verfügbaren Informationen ermöglicht eine bessere und verlässlichere Betrachtung der Technologieposition eines Unternehmens. Aufgrund der Tatsache, dass diese

---

[158]   Vgl. Engelhardt (1989), S. 9f.

Daten mittels standardisierter Erhebungsverfahren auch über längerer Zeiträume konsistent sind, eröffnen Patentportfolios grundsätzlich auch die Möglichkeit einer dynamischen Betrachtung von Technologiepositionen.

6.2.2 Der Patentportfolio-Ansatz von Ernst

Die Struktur von Patentportfolios entspricht im Wesentlichen der von Technologieportfolios, wie sie weiter oben beschrieben wurden. Auf der Ordinate wird ein Maß für die technologische Attraktivität, auf der Abszisse der Grad der eigenen technologischen Stärke abgetragen. Der wesentliche Unterschied besteht nun darin, dass beide Dimensionen nicht auf herkömmlichem Wege, sondern mittels Patentinformationen bestimmt werden.

Ein wesentlicher Beitrag zur Weiterentwicklung von Patentportfolios wurde von Ernst (1996, 1999) geleistet. Bestehende Ansätze[159] basieren primär auf dem oben beschriebenen Zusammenhang zwischen Patentaktivität ganz allgemein und Unternehmenserfolg, differenzieren jedoch zuwenig innerhalb der Menge möglicher Patentaktivitäten und Patentinformationen. Ernst (1996), S. 245ff., hingegen hat anhand eigener empirischer Untersuchungen nachgewiesen, dass bestimmte Patentkennzahlen eine positive Verknüpfung mit dem Unternehmenserfolg zulassen, während bei anderen Kennzahlen keine signifikante oder gar eine negative Korrelation zum Unternehmenserfolg besteht. Daher ist die in anderen Patentportfolios implizierte Verbindung zwischen Patentposition und dem möglichen Erfolg eines Unternehmens in der Realität sicherlich in dieser Form nicht immer möglich.[160]

Ernst versucht in seinem Ansatz diesem Defizit zu begegnen, indem er eine Vielzahl unterschiedlicher Patentkennzahlen bestimmt und deren Korrelation mit dem Unternehmenserfolg ermittelt. Auf Basis dieser empirischen Erkenntnisse hat er dann für die drei Dimensionen seines Patentportfolios, nämlich Abszisse, Ordinate, und Größe der einzelnen Blasen, sinnvolle Kennzahlen entwickelt, empirisch getestet und belegt:[161]

---

[159] Vgl. Brockhoff (1992).

[160] Zu einem ähnlichen Ergebnis kommen auch Lanjouw/Schankerman (1999), die auf der Basis eines ähnlich konstruierten Qualitätsindex für Patente einen empirischen Zusammenhang zwischen den Patentaktivitäten eines Unternehmens und der FuE-Produktivität (d.h. Innovation pro Aufwand) nachgewiesen haben.

[161] Vgl. hierzu auch die komprimierte Darstellung in Ernst (1999), S. 112ff.

(1) Die Ordinate misst die Attraktivität eines einzelnen betrachteten Technologiefeldes anhand der *Wachstumsrate der Patentanmeldungen*, d.h. der Veränderung der Zahl der Anmeldungen über die Zeit. Bestimmt wird das Patentwachstum durch den Quotienten aus dem Patentwachstum eines einzelnen Technologiefeldes, geteilt durch das Patentwachstum einer Referenzgröße, z.B. ganzer Technologieklassen oder der Gesamtheit nationaler oder internationaler Patentanmeldungen. Dabei wird davon ausgegangen, dass Technologiefelder mit einer steigenden Zahl von Patentanmeldungen darauf schließen lassen, dass die Patentanmelder in diesem Feld von einer hohen Marktchance der angemeldeten Technologien ausgehen und daher eine Patentierung für notwendig erachten. Je nachdem, ob eine kurz- oder langfristige Betrachtung des Patentwachstums erwünscht ist, kann die Länge des betrachteten Zeitintervalls, für das Daten erhoben werden, entsprechend variiert werden.[162]

(2) Die Abszisse bezeichnet die *Position eines einzelnen Unternehmens oder Unternehmensbereichs in einem bestimmten Technologiefeld in Relation zu seinen Wettbewerbern*, wobei in jedem einzelnen Technologiefeld derjenige Wettbewerber mit der jeweils stärksten Technologieposition als Benchmark verwendet wird. Die relative Patentposition wird ermittelt als Quotient aus der eigenen Patentposition in einem bestimmten Technologiefeld und der Patentposition des Benchmarks in diesem Feld. Entscheidend in diesem Ansatz ist, dass sich eine Patentposition nicht einfach aus der Zahl der angemeldeten, erteilten oder gehaltenen Patente in einem bestimmten Technologiefeld zusammensetzt, sondern dass die einzelnen Patentanmeldungen eines Unternehmens mit einem Indikator der Patentqualität gewichtet werden. Dieser Indikator setzt sich aus einer Vielzahl von Parametern zusammen, z.B. dem Verhältnis von angemeldeten und erteilten Patenten oder der Zitationsquote eines Patents. Insofern beinhaltet eine Aussage über die eigene Patentposition im Verhältnis zu einem Benchmark innerhalb dieses Patentportfolios nicht nur reine Mengenangaben, sondern gewichtet diese anhand der Qualität der einzelnen Patentaktivitäten. So hat möglicherweise ein Unternehmen, welches zwar nur über eine geringe Zahl angemeldeter Patente verfügt, die aber eine hohe Erteilungsquote haben und in einer Vielzahl nachfolgender Patentanmeldungen zitiert werden, eine bessere Patentposition als ein Unternehmen, welches über eine große Zahl von Patentanmeldungen verfügt, von denen aber nur ein Bruchteil erteilt wird und die in nachfolgenden Anmeldungen keine große Beachtung finden.

---

[162] So schlägt beispielsweise Brockhoff (1992) in seinem Ansatz vor, das Patentwachstum dadurch zu bestimmen, indem die durchschnittliche Patentwachstumsrate der letzten vier Jahre in Relation zu der durchschnittlichen Patentwachstumsrate der letzten 20 Jahre gesetzt wird.

(3) Die Größe der einzelnen Blasen schließlich zeigt die *Verteilung der Patentaktivitäten eines Unternehmens innerhalb der Technologiefelder*. Daraus lässt sich die Bedeutung ableiten, die jedes Unternehmen den einzelnen Technologiefeldern beimisst. Sie errechnet sich aus dem Quotienten der Zahl angemeldeter Patente in einem bestimmten Technologiefeld zur Gesamtzahl angemeldeter Patente eines Unternehmens.

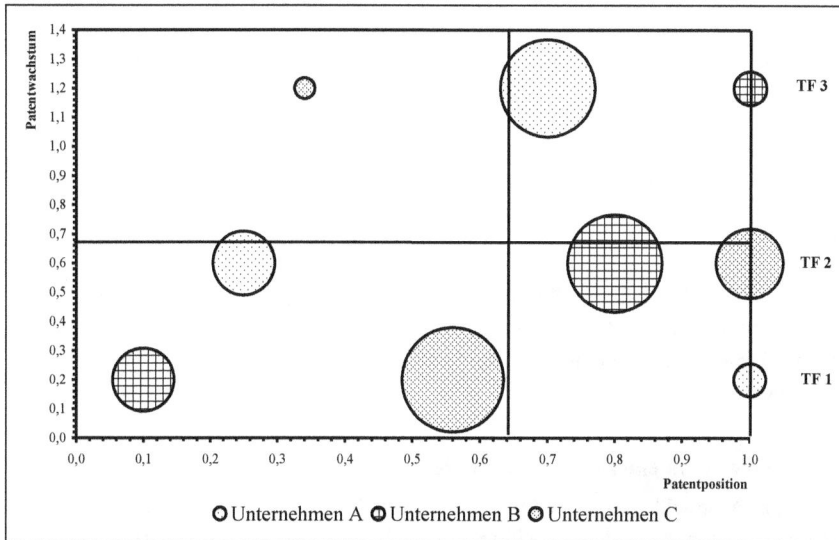

Abb. 6-2:   Beispiel für ein Patentportfolio (Quelle: vereinfacht aus Ernst 1999, S. 122)

Im Beispiel der Abbildung 6-2 sehen wir, dass das Unternehmen A nur im Technologiefeld 1, welches allerdings über die niedrigste Wachstumsrate verfügt, eine dominante technologische Position innehat, indem es dort selbst den technologischen Benchmark darstellt. Im Technologiefeld mit dem höchsten Wachstum befindet es sich nur an zweiter Position, wohingegen es im mittleren Technologiefeld die letzte Position einnimmt. Aus der Größe der Blasen lässt sich aber erkennen, dass dieses Unternehmen in dem sehr attraktiven Technologiefeld 3 einen deutlichen Schwerpunkt der eigenen Patentaktivitäten gesetzt hat, in demjenigen Technologiefeld hingegen, wo es selbst die Führungsposition innehat, nur wenig unternimmt.

Ganz allgemein kann ein solches Patentportfolio gut zur Bewertung der eigenen technologischen Position und der eigenen technologischen Stärken und Schwächen in den einzelnen Technologiefeldern genutzt werden, wobei stets nicht nur die eigene Position, sondern auch die der Wettbewerber entsprechend Berücksichtigung findet. Gleichzeitig können aus der Bestimmung der eigenen Technologiepositionen heraus heuristische Entscheidungshilfen für das Innovationsmanagement abgeleitet werden. So sollte ein Unternehmen, welches in bestimmten Technologiefeldern mit hohem Patentwachstum selbst eine dominante Patentposition innehält, deutliche Schwerpunkte der eigenen FuE-Aktivitäten in diese Felder setzen, wohingegen in Feldern mit geringer Attraktivität und einer relativ schwachen Patentposition auch mögliche Desinvestitionsüberlegungen angestellt werden müssen. Somit eröffnet die Darstellung eigener Technologiepositionen anhand dieses Patentportfolios eine erste Möglichkeit, die eigene Innovationsleistung quantitativ und qualitativ sinnvoll messen zu können. Auch die dynamische Dimension erfährt hier dadurch eine erste Berücksichtigung, indem die Attraktivität eines betrachteten Technologiefeldes nicht mehr über die momentane Einschätzung einer Gruppe von Experten bestimmt wird, sondern allein über die Veränderung der Patentaktivitäten aller beteiligten Unternehmen über die Zeit.

Um jedoch die Veränderung der eigenen Innovationsstärke über die Zeit umfassend messen zu können und mögliche Einflüsse eines Corporate Venture Capital-Programms feststellen zu können, ist eine entsprechende Erweiterung dieses Konzepts notwendig.

6.2.3 Integration einer dynamischen Perspektive in Patentportfolios

Eine erste Möglichkeit, diesen Ansatz zur Darstellung und Analyse dynamischer Veränderungen von Technologiepositionen über die Zeit zu nutzen, besteht darin, diese Portfolios für jeweils unterschiedliche Zeiträume zu erstellen. So hat beispielsweise Ernst (1999) zur Darstellung dynamischer Veränderungen in der Chemieindustrie Portfolios für die Zeiträume 1978-1985, 1978-1990 und 1978-1995 angefertigt. Durch diese kumulative Betrachtung können dynamische Entwicklungen gut erfasst werden. Zunächst einmal können Veränderungen der Patentwachstumsraten über längere Zeiträume analysiert werden, was einen besseren Rückschluss auf die allgemeine Attraktivität eines Technologiefeldes zulässt. Zum zweiten ermöglicht diese Darstellung eine Auseinandersetzung mit der Veränderung der eigenen Patentposition über die Zeit, und bietet insofern die Möglichkeit, Veränderungen der vom Unternehmen durch entsprechende Handlungen selbst beeinflussbaren Dimension zu analysieren. Schließlich gibt eine Veränderung der Größe der jeweiligen Blasen Auskunft über Verschiebungen in der internen Ressourcenzuweisung des Unternehmens an die einzelnen Technologiefelder und lässt insofern Rückschlüsse auf die technologischen Prioritäten des Unternehmens zu.

Betrachtet man nun die einzelnen Dimensionen einer solchen Darstellung, so lässt sich vor allem die Bestimmung einer Veränderung der eigenen Patentposition über die Zeit gut mit der hier interessierenden Frage nach den Möglichkeiten einer Messung der eigenen Innovationskraft verknüpfen. Gelingt es dem Unternehmen, im Laufe der Zeit die eigene relative Patentposition soweit zu verbessern, dass es selbst zum technologischen Benchmark wird, dann kann man wohl davon sprechen, dass es dem Unternehmen gelungen ist, die eigene Innovationskraft in Relation zu seinen Wettbewerbern entscheidend zu steigern.

Leider wird diese Darstellung mit zunehmender Zahl der betrachteten Unternehmen, Technologiefelder und Untersuchungszeiträume zusehends unübersichtlicher und erschwert somit eine umfassende Analyse.[163] Auch die Zusammenfassung mehrerer Zeiträume in einer Darstellung erscheint aus den gleichen Gründen wenig sinnvoll. Daher schlägt Ernst selbst einen alternativen Weg zur Darstellung dynamischer Veränderungen auf Basis derselben Daten vor, der die technologischen Entwicklungen eines Unternehmens besser veranschaulichen soll.

Eine solche Möglichkeit wird in Abbildung 6-3 illustriert. Diese Darstellung beschränkt sich auf die Betrachtung eines einzelnes Unternehmens und seiner Patentpositionen zu zwei unterschiedlichen Zeitpunkten. Durch diese Beschränkung wird die Lesbarkeit der Darstellung deutlich verbessert, gleichzeitig ermöglicht es eine eingehende Analyse der technologischen Entwicklung eines Unternehmens innerhalb verschiedener Zeiträume. Aus der Abbildung wird ersichtlich, dass das Technologiefeld 1 während des betrachteten Zeitraums deutlich an Attraktivität gewonnen hat, das Unternehmen (in diesem Fall Unternehmen A aus der Abbildung 6-2) die eigenen Patentaktivitäten jedoch für dieses Feld nicht verstärkt hat. Daraus lässt sich der Verlust der führenden Patentposition in diesem Feld erklären. Anders verhält es sich bei Technologiefeld 3. Auch hier hat das Unternehmen seine Patentaktivitäten nicht ausgeweitet, dennoch lag in diesem Feld im Vergleich zu anderen Unternehmen ein Schwerpunkt der eigenen Patentaktivitäten. Aus diesen strategischen Entscheidungen des Unternehmens erwuchs entsprechend die führende Patentposition im Technologiefeld 3. Die in Klammern gesetzten Werte an jedem Pfeil geben Auskunft über die

---

163 So enthält die besagte Studie der Chemieindustrie in Ernst (1999) sieben Unternehmen und fünf Technologiefelder, die zu drei unterschiedlichen Zeitpunkten analysiert werden. Daraus ergeben sich entsprechend drei Portfolios mit einer Maximalzahl von 35 unterschiedlich großen Blasen je Portfolio. In Summe hat der Betrachter schon bei dieser einfachen Darstellung bis zu 105 Objekte nach drei Dimensionen (zwei Achsen und Blasengröße) und deren jeweilige Veränderung zu berücksichtigen.

Höhe der Veränderung der jeweiligen Dimensionen (in der Form Abszisse / Ordinate / Blasengröße).

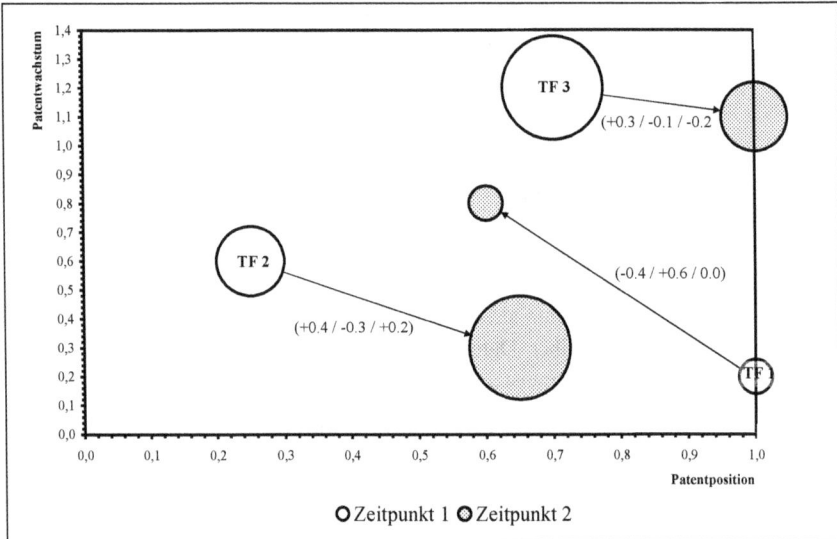

Abb. 6-3:   Dynamische Entwicklung der Patentpositionen (Quelle: nach Ernst 1999, S. 131)

Zwar vernachlässigt diese Betrachtung die Aktivitäten der Wettbewerber (die ja z.B. für eine Erklärung der Entwicklung des Unternehmens in Technologiefeld 3 durchaus notwendig sind), für die Analyse der eigenen Patentaktivitäten und deren Auswirkungen auf die eigene Patentposition scheint dieser Ansatz aber ein hilfreiches Verfahren zu sein. Dies gilt umso mehr, wenn beide Verfahren, d.h. Patentportfolios für einzelne Zeiträume unter Einschluss der Wettbewerber und ein Patentportfolio zur Darstellung der eigenen Entwicklung, nicht alternativ, sondern gleichzeitig und komplementär genutzt werden.

Aus der Darstellung der Abbildung 6-3 wird ersichtlich, dass das Unternehmen seine relative Patentposition in zwei Technologiefeldern deutlich verbessert hat, im Fall des Feldes 3 sogar die führende Position eingenommen hat. Geht man nun davon aus, dass die Patentaktivitäten eines Unternehmens ein Ausdruck seiner Innovationstätigkeit sind (vgl. nochmals Abschnitt 6.2.1), kann aus einer Verbesserung der relativen Patentposition eines Unternehmens durchaus der Schluss gezogen werden, dass sich im gleichen Maße die technologische Position des Unternehmens im Wettbewerb verbessert hat, wobei diese positive technologische Entwicklung auf die gesteigerte Innovationstätigkeit des Unternehmens zurückgeführt werden kann.

Insofern eröffnet dieser Ansatz eine gute Möglichkeit, die (sowohl positive als auch negative) Veränderung der Innovationskraft eines Unternehmens zu erfassen und graphisch darstellen zu können. Allerdings eröffnet dieser Weg noch keine sicheren Rückschlüsse über den möglichen Ursprung einer verbesserten Technologieposition. Die Frage nach dem Beitrag eines Corporate Venture Capital-Programms bei der Veränderung der eigenen Position soll im abschließenden Abschnitt dieses Kapitels behandelt werden.

6.3 Zusammenfassung und Fazit

Ziel dieses Kapitels war es, nach Möglichkeiten zu suchen, auf welche Weise der Beitrag, den ein Corporate Venture Capital-Programm bei der Stärkung der Innovationskraft großer Unternehmen zu leisten imstande ist, gemessen werden kann. Hierbei hat sich gezeigt, dass trotz einer grundsätzlichen Eignung von Technologieportfolios diese herkömmlichen Ansätze über Defizite verfügen, die eine umfassende Verwendung in diesem Zusammenhang wenig sinnvoll erscheinen lassen. Diese Defizite betreffen vor allem die Subjektivität der erhobenen Daten und die mangelnde zeitliche Konsistenz der gewonnenen Informationen, die ja für dynamische Betrachtung unabdingbar sind.

Diesem Defizit versuchen Patentportfolios zu begegnen, indem sie, ausgehend von derselben Darstellungssystematik wie traditionelle Technologieportfolios, nicht Expertenbefragungen oder andere mehr oder minder subjektive Informationen verwenden, sondern auf Patentdaten zurückgreifen. Der entscheidende Vorteil von Patentinformationen, die mit Hilfe moderner elektronischer Datenbankarchitekturen aus umfangreichen öffentlichen und privaten Patentdatenbanken gewonnen werden können, liegt eben genau in der breiten Verfügbarkeit, in der zeitlichen Konsistenz, vor allem aber in der großen Objektivität der Daten aufgrund der strikten Vorgaben nationaler und internationaler Patentverfahren.

Es hat sich gezeigt, dass Patentportfolios wie der skizzierte Ansatz von Ernst durchaus geeignet sind, die technologische Position eines Unternehmens adäquat zu erfassen. Durch Integration einer dynamischen Komponente wurde es schließlich auch möglich, eine Veränderung der Innovationskraft, d.h. den Grad der technologischen Führerschaft eines Unternehmens, zu erfassen und darzustellen. Somit kann festgestellt werden, dass dynamische Patentportfolios tatsächlich einen möglichen Weg darstellen, die Stärkung (aber natürlich auch die Schwächung) der Innovationskraft eines großen Unternehmens zu messen. Gleichzeitig muss aber darauf hingewiesen werden, dass der diskutierte Ansatz nicht nach der Quelle einer festgestellten Veränderung der technologischen Position differenziert. Somit lassen sich aus einem solchen Patentportfolio keine Rückschlüsse darüber ziehen, inwieweit beispielsweise ein Corporate Venture Capital-Programm für eine festgestellte etwaige positive Veränderung der Innovationskraft des Unternehmens verantwortlich zeichnet. Eine solche Möglichkeit soll im Folgenden ausblicksartig skizziert werden, um die Eignung von Patentportfolios auch für die Messung des strategischen Erfolgs eines Corporate Venture Capital-Programms zu belegen:

(1) In einem ersten Schritt müssen die beobachtungsrelevanten Technologiefelder bestimmt werden. Hierzu gehören all jene Technologiefelder, die von den finanzierten Ventures sowohl im Kern als auch am Rande bearbeitet werden. Ergänzt werden kann diese Menge durch solche Felder, in denen das Mutterunternehmen zukünftige Investitionsmöglichkeiten sieht oder die in Zukunft möglicherweise von den Ventures bearbeitet werden könnten. Durch diese breite Auswahl betrachteter Technologiefelder soll verhindert werden, dass potentiell attraktive Technologiefelder bei der Ermittlung der eigenen Technologieposition keine entsprechende Berücksichtigung finden.

(2) Im Anschluss daran werden drei dynamische Patentportfolios im Sinne der Abbildung 6-3 erstellt. Davon basiert eines auf den für das Gesamtunternehmen, d.h. des Unternehmens einschließlich der im Rahmen der Corporate Venture Capital-Aktivitäten finanzierten Unternehmen, erhobenen Patentdaten. Die anderen beiden Portfolios stellen jeweils die aggregierte technologische Position aller Venture-Unternehmen und die Position des großen Unternehmens unter Auslassung der relevanten Patentdaten der Venture-Unternehmen, an denen das Unternehmen direkt oder indirekt beteiligt ist, dar. Während das erste Portfolio, das dem im vorherigen Abschnitt diskutierten dynamischen Gesamtportfolio entspricht, über die technologische Entwicklung des Gesamtunternehmens informiert, erlauben die anderen beiden Portfolios eine differenziertere Betrachtung.

Während das erste Portfolio nur eine Aussage über die grundsätzliche Entwicklung der Patentposition eines Unternehmens in einem bestimmten Technologiefeld zulässt, kann durch die zusätzliche Betrachtung der anderen beiden Portfolios ein Rückschluss auf die möglichen Quellen einer solchen Entwicklung gezogen werden. So kann es beispielsweise sein, dass das Patentportfolio für das Gesamtunternehmen feststellt, dass das Unternehmen in einem bestimmten Technologiefeld über eine längere Zeit eine technologisch führende Position eingenommen hat. Betrachtet man ergänzend dazu dann die anderen beiden Portfolios, so stellt man möglicherweise fest, dass die technologische Entwicklung des 'herkömmlichen' Unternehmens in diesem Feld leicht negativ war, diese Tendenz jedoch von einer deutlich positiven Entwicklung des Venture-Aggregats überkompensiert wurde. In diesem Fall kann man in einem ersten Zugriff davon ausgehen, dass in erster Linie die Venture-Aktivitäten des Unternehmens dafür verantwortlich waren, dass sich die Innovationskraft und somit auch die technologische Position in diesem betrachteten Technologiefeld verbessert haben.

Natürlich kann ein solches Verfahren eine detaillierte Analyse möglicher Ursachen und Hintergründe der technologischen Entwicklung eines Unternehmens in keinster Weise ersetzen, sondern nur sinnvoll ergänzen. Vor allem dann, wenn das Unternehmen erfolgreichen Technologietransfer zwischen den Ventures und den FuE-Abteilungen des Mutterunternehmens betreibt, kann die singuläre Nutzung einer solche Betrachtung zu falschen Schlüssen führen, da die Patentportfolios nur die erstmalige patentrechtliche Verwendung einer Innovation berücksichtigen können, nicht jedoch den Ursprung einer solchen Technologie. So ist es beispielsweise denkbar, dass die Anwendung des oben beschriebenen Verfahrens in einem anderen Fall zu der Erkenntnis führt, dass im wesentlichen die bestehenden FuE-Aktivitäten des Mutterunternehmens und nicht die Venture-Aktivitäten für eine verbesserte Technologieposition verantwortlich waren. Dennoch ist es durchaus vorstellbar, dass die verbesserte Patentposition der FuE des Mutterunternehmens vor allem daher rührte, dass technologische Innovationen, die in Venture-Unternehmen ihren Ursprung hatten, nicht dort, sondern erst nach erfolgreichem Transfer in das Mutterunternehmen von diesem zum Patent angemeldet wurden.

Trotz aller möglichen Defizite und Schwachstellen, die ein solches Verfahren haben kann, erscheint es dennoch als eine erste heuristische Hilfestellung bei der Bestimmung des Einflusses von Corporate Venture Capital-Programmen auf die Innovationskraft großer Unternehmen. Insofern kann auch die Frage nach Möglichkeiten und Formen der Messung des Einflusses eines Corporate Venture Capital-Programms auf die Stärkung der Innovationskraft eines großen Unternehmens, wie sie in der Einleitung gestellt wurde, grundsätzlich positiv beantwortet werden.

7 Schlussbetrachtung

Im Verlauf der Argumentation wurde der Versuch unternommen, die in der Einleitung skizzierte Fragestellung eingehend zu diskutieren und etwaige Lösungsansätze bezüglich ihrer Möglichkeiten und Grenzen zu untersuchen. Diesem abschließenden Kapitel kommen nun im Wesentlichen zwei Aufgaben zu. Zunächst sollen die bisher gewonnenen Erkenntnisse noch einmal in einer überblicksartigen Zusammenfassung kurz dargestellt werden, um abschließend in einem Ausblick die Notwendigkeit weiterer Forschungsbemühungen zu diskutieren.

Ausgangspunkt dieser Überlegungen war die empirische Feststellung, dass viele große Unternehmen, allen voran etablierte, multinationale Konzerne, zusehends an Innovationskraft verloren haben, ganz im Gegensatz zu kleinen, neu gegründeten Unternehmen, die zunehmend innovativer wurden. Aus diesen beiden Entwicklungen entstand so etwas wie eine Innovationslücke zwischen diesen beiden Typen von Unternehmen. Für große, etablierte Unternehmen stellt sich natürlich die dringende Frage nach Wegen und Möglichkeiten, diese Innovationslücke zu schließen oder zumindest zu verkleinern. Viele Unternehmen versuchen, dieser strategischen Herausforderung zu begegnen, indem sie die Methoden und Mechanismen moderner Venture Capital-Finanzierung in den eigenen Unternehmensbereich übertragen. Dies geschieht in der Regel durch die Institutionalisierung eines Corporate Venture Capital-Programms.

Mit der Errichtung eines solchen Programms verbinden sich in der Praxis zwei wesentliche Fragestellungen, die gleichzeitig den Kern dieses Beitrags ausmachen:

- Zum einen geht es darum, zu untersuchen, inwieweit ein solches Programm tatsächlich ein Erfolg versprechendes strategisches Werkzeug der Unternehmensleitung darstellen kann, um diese Innovationslücke zwischen großen und kleinen Unternehmen zu schließen. Hierfür wurde zunächst das Ziel der Stärkung der Innovationskraft in zwei Teilziele differenziert, nämlich die Verbesserung von Technologiebeobachtung und -transfer auf der einen Seite und die Revitalisierung unternehmerischen Denkens und Handelns auf der anderen Seite.

- Darauf aufbauend wurde untersucht, wie Corporate Venture Capital-Programme auf diese einzelnen Zielsetzungen einwirken können und ob über die Realisierung dieser Teilzielsetzungen eine Stärkung der Innovationskraft großer Unternehmen

denkbar ist. Zum anderen wurde nach Möglichkeiten gesucht, wie der strategische Erfolg eines Corporate Venture Capital-Programms in der Praxis erfasst und
dargestellt werden kann, wobei mit dem Begriff des strategischen Erfolgs der
Beitrag eines solchen Programms bei einer etwaigen Stärkung der Innovationskraft des Gesamtunternehmens verbunden wurde. Hierfür wurde insbesondere der
Einsatz verschiedener Portfolio-Techniken eingehend geprüft und bewertet.

Es konnte gezeigt werden, dass adäquat ausgerichtete und konfigurierte Corporate
Venture Capital-Programme tatsächlich in der Lage sein können, die Innovationskraft
großer Unternehmen entscheidend zu verbessern und auf diesem Wege die existierende Innovationslücke zu schließen. Dies geschieht zum einen dadurch, dass die
Wissensbasis des Unternehmens im Hinblick auf neueste technologische und andere
Entwicklungen entscheidend verbessert wird, da Corporate Venture Capital-Aktivitäten gerade den Defiziten existierender Systeme für Technologiebeobachtung und -
transfer begegnen können. Zum anderen ermöglichen solche Aktivitäten auch die Re-
vitalisierung eben desjenigen Elements, in dem viele Autoren[164] geradezu die Quelle
des innovativen Wandels innerhalb großer Organisationen sehen, nämlich des Unternehmers. Auf diese Weise kann es gereiften Unternehmen gelingen, Innovationshem-
mende strukturelle und psychologische Pathologien wie Bürokratisierungstendenzen,
Scheu vor der Übernahme von Verantwortung oder auch Abschottung der Organisati-
onsteilnehmer gegenüber externen oder anderen fremden Kontexten zu überwinden,
um das kreative Potential, das einer jeder Organisation innewohnt, wieder entsprechend zu nutzen.

Viele Versuche, die Innovationskraft eines Unternehmens zu stärken, scheitern nicht
zuletzt daran, dass es aus Sicht der Unternehmensleitung keine Möglichkeit gibt, den
Erfolg solcher Aktivitäten zu messen. Auf den ersten Blick erscheint es auch durchaus nachvollziehbar, wenn ein Unternehmen, anstatt mit einem unbekannten Werkzeug zu arbeiten, für das (noch) keine etablierten und objektiv nachvollziehbaren Erfolgsmaßstäbe existieren, lieber versucht, seine Ziele mit herkömmlichen Methoden
zu realisieren, deren Anwendung und mögliche Auswirkungen dem Unternehmen gut
bekannt sind. Wie sich jedoch gezeigt hat, existiert mit dynamischen Patentportfolios
jedoch in der Realität durchaus ein Verfahren, mit dem Auswirkungen von Corporate
Venture Capital-Programmen auf die Innovationskraft eines Unternehmens jederzeit
objektiv und nachvollziehbar erfasst werden können

---

[164] Vgl. für viele Bitzer (1991), S. 15ff., oder Behrend (1998), S. 30ff.

Selbstverständlich darf hier nicht der Eindruck erweckt werden, als seien Corporate Venture Capital-Programme für große Unternehmen quasi ein Patentrezept zur Wiedererlangung der eigenen Innovationskraft. Erfahrungen in der Praxis haben gezeigt, dass eine große Zahl von Venture-Programmen etablierter Unternehmen nach Ablauf einiger Jahre wieder eingestampft oder zumindest im Umfang deutlich reduziert wurden. Die in der Literatur meistgenannten Gründe für ein vorzeitiges Scheitern solcher Aktivitäten sind auf der einen Seite mangelnde Unterstützung für bzw. Identifikation mit dem Programm von Seiten der Unternehmensleitung, auf der anderen Seite eine nicht genügend präzise strategische Ausrichtung des Programms oder ein ständig wechselnder technologischer oder strategischer Fokus.[165] Das fehlende Commitment führte in der Praxis oft dazu, dass Corporate Venture Capital-Programme drastisch unterfinanziert waren oder innerhalb der Organisation aufgrund mangelnder Vertrautheit der Führungskräfte mit der Funktionsweise von Venture Capital-Finanzierungen nur wenig akzeptiert wurden.

Aus diesen Gründen wurden die Corporate Venture Capital-Programme oftmals in einem hohen Maße in die bestehenden Organisations- und Managementsystemstrukturen des Mutterunternehmens eingebunden. Ein unzureichender strategischer Fokus führte häufig dazu, dass Technologien verfolgt oder gefördert wurden, für die keinerlei Verwendung im Unternehmen bestand oder die sich nicht mit der grundsätzlichen strategischen Ausrichtung des Gesamtunternehmens verknüpfen ließen. Aber gerade durch diese enge Bindung an existierende Systeme und Strukturen und das Fehlen einer klaren strategischen Ausrichtung und Fokussierung wurde diesen Programmen ein Großteil des Erfolgspotentials verweigert, wodurch sich eben auch die Enttäuschungen vieler Unternehmen mit diesem neuen Ansatz erklären lassen.[166]

---

[165] Vgl. Gompers/Lerner (1998) oder Fast (1981).

[166] Ein prominentes Beispiel für ein ‚gescheitertes' Corporate Venture Capital-Programm waren die Venture-Aktivitäten der amerikanischen Xerox Corporation zu Beginn der 70er Jahre (vgl. Gompers/Lerner 1998, S. 10ff.). Das ‚Palo Alto Research Center' (PARC) wurde zwar zur Geburtsstätte solch bedeutender Innovationen wie der Computermaus, dem Laserdrucker, oder der graphischen Benutzeroberfläche für Computerbetriebssysteme. Sogar eine frühe Version eines Personal Computers entstand dort bereits 1973. Bis auf wenige Ausnahmen (z.B. Laserdrucker) jedoch konnte Xerox keine der dort generierten Technologien gewinnbringend für sich verwenden. Trotz attraktiver finanzieller Renditen wurde das Programm Ende der 80er Jahre beendet, um es erst Mitte der 90er Jahre in Form der ‚Xerox Technology Ventures' wieder zu aktivieren. Der große Unterschied gegenüber den ersten Versuchen lag in einem klaren strategischen Fokus und einem eindeutigen langfristigen Commitment der Unternehmensleitung der neu ausgerichteten Aktivitäten.

Dennoch kann man aus diesen Ausführungen sicherlich den Schluss ziehen, dass Corporate Venture Capital-Programme von etablierten Industrieunternehmen unter Berücksichtigung der skizzierten Probleme und Unwägbarkeiten ein wertvolles Werkzeug darstellen, die Innovationslücke zwischen großen und kleinen Unternehmen zu schließen. Insofern kann die in der Einleitung gestellte Frage unter Berücksichtigung der angesprochenen Gegebenheiten als positiv beantwortet erachtet werden.

Allerdings wurde der Zusammenhang zwischen der Institutionalisierung eines Corporate Venture Capital-Programms und der Stärkung der Innovationskraft großer Unternehmen im Rahmen dieser Arbeit nur theoretisch untersucht und begründet, jedoch keiner empirischen Überprüfung unterzogen. Es gibt zwar eine große Zahl von Forschungsarbeiten, die empirische Zusammenhänge zwischen einzelnen Elementen dieser Argumentationskette untersucht haben,[167] womit sich zumindest indirekte Kausalzusammenhänge begründen lassen, eine direkte empirisch nachgewiesene Verbindung zwischen den Corporate Venture Capital-Aktivitäten und dem Innovationserfolg jedoch existiert noch nicht.[168] Insofern können die in dieser Arbeit skizzierten theoretischen Überlegungen nur als Ausdruck einer intuitiv hergeleiteten Hypothese betrachtet werden, die jedoch nur als Ausgangspunkt weiterer, insbesondere empirischer Analysen gesehen werden darf, um diesen Zusammenhang auch quantitativ unterfüttern zu können.

---

[167] So haben beispielsweise Gompers/Lerner (1998) nachgewiesen, dass Aktivitäten von industriellen Investoren genauso erfolgreich sein können wie die von professionellen Venture Capital-Gesellschaften. Ernst (1996) hat einen positiven Zusammenhang zwischen der Zahl der Patentanmeldungen eines Unternehmens und dessen Umsatz- und Ertragswachstum festgestellt. Anslinger et al. (1997) haben in einer empirischen Studie nachgewiesen, dass die eigenkapitalmäßige Beteiligung von Mitarbeitern an ausgegründeten Töchtern signifikante Renditezuwächse für Mutter und Tochter gleichermaßen bedeuten können.

[168] Interessant ist in diesem Zusammenhang der Ansatz von Lossen (2002), der so genannte ‚Patent Linkage Maps' und Transferverträge als Instrumente zur Erfolgsmessung vorschlägt. Faisst (2001) konstruiert hierfür eine Balanced Scorcard für Corporate Venturing-Einheiten.

Literaturverzeichnis

Abernathy, W., Utterback, J. (1978), Patterns of technological innovation, in: Technological Review, Nr. 7, 1978, S. 41-47

Albach, H., Hunsdiek, D., Kokalj, L. (1986), Finanzierung mit Risikokapital, Stuttgart 1986

Anslinger, P., Carey, D., Fink, K., Gagnon, C. (1997), Equity carve-outs: a new spin on the corporate structure, in: The McKinsey Quarterly, Nr. 1/1997, S. 165-172

Anslow, H. (1992), Time to stop calling it venture capital, in: Venture Capital Journal, Nr. 2/3, 1992, S. 2-3

Amit, R., Glosten, L., Muller, E. (1990), Does venture capital foster the most promising entrepreneurial firms?, in: California Management Review, Nr. 3, Vol. 32, 1990, S. 102-111

Ashton, W., Kinzey, B., Gunn, M. (1991), A structural approach for monitoring science and technology developments, in: International Journal of Technology Management Vol. 6 (1991), No. 1/2, S. 90-111

Behrend, C. (1998), Unternehmertum, Wandel und Wissen, München 1998

Bell, M. (1999), Venture Capital, in: Das Wirtschaftsstudium, Nr. 1/1999, S. 53-56

Bitzer, M. (1991), Intrapreneurship – Unternehmertum in der Unternehmung, Stuttgart 1991

Bleicher, K., Paul, H. (1987), The external corporate venture capital fund – a valuable vehicle for growth, in: Long Range Planning, Vol. 20, No. 6, 1987, S. 64-70

Block, Z., McMillan, I. (1995), Corporate venturing – Creating businesses within the firm, Boston 1995

Brealey, R., Myers, S. (1996), Principles of corporate finance, 5. Aufl., New York u.a., 1996

Bretz, H. (1988), Unternehmertum und fortschrittsfähige Organisation, München 1988

Bretz, H. (1991), Zur Kultivierung des Unternehmerischen im Unternehmen, in: Laub, U., Schneider, D. (Hrsg., 1991), Innovation und Unternehmertum, Wiesbaden 1991

Brockhoff, K. (1992), Instruments for patent data analysis in business firms, in: Technovation, Bd. 12, Nr. 1, 1992, S. 41-58

Brockhoff, K. (1999), Forschung und Entwicklung, 5. Aufl., München u. Wien 1999

Brody, P., Ehrlich, D. (1998), Can big companies become successful venture capitalists?, in: The McKinsey Quarterly, Nr. 2/1998, S. 50-63

BVK (2002), BVK Statistik 2001 des Bundesverbands Deutscher Kapitalbeteiligungsgesellschaften e.V., abgerufen unter www.bvk-ev.de

BVK (2003), BVK Statistik 2002 des Bundesverbands Deutscher Kapitalbeteiligungsgesellschaften e.V., abgerufen unter www.bvk-ev.de

Bygrave, W. (1987), Syndicated investments by venture capital firms, in: Journal of Business Venturing, Nr. 2, 1987, S. 139-154

Cantillon, R. (1931), Die Natur des Handels im Allgemeinen, Jena 1931

Chesbrough, H. (2002), Making sense of corporate venture capital, in: Harvard Business Review, March 2002, S. 90-99

Clayton, J., Gambill, B., Harned, D. (1999), The curse of too much capital: building new businesses in large corporations, in: The McKinsey Quarterly, Nr. 3/1999, S. 48-59

Cornelli, F., Yosha, O. (1997), Stage financing and the role of convertible debt, in: Social Science Resource Network, http://www.ssrn.com

Corsten, H. (1982) Der nationale Technologietransfer, Berlin 1982

Day, J., Wendler, J. (1998), Industrial venture capitalism: sharing ownership to create value, in: The McKinsey Quarterly, Nr. 1/1998, S. 26-32

Eichborn, R. (1961), Wirtschaftswörterbuch Band 1: Englisch-Deutsch, Düsseldorf 1961

Engelhardt, K. (1989), Fachwissen Patentinformation: Datenbanken strategisch genutzt, Essen 1989

Ernst, H. (1996), Patentinformationen für die strategische Planung von Forschung und Entwicklung, Wiesbaden 1996

Ernst, H. (1999), Evaluation of dynamic technological developments by means of patent data, in: Brockhoff, K., Chakrabati, A., Hauschildt, J. (Hrsg., 1999), The dynamics of innovation, Berlin 1999

European Commission (2001), Corporate venturing in Europe, Luxembourg 2001

EVCA (1998), EVCA Yearbook 1998: A Survey of Private Equity and Venture Capital in Europe, Brüssel 1998

Faisst, U. (2001), Performance measurement in corporate venturing, unveröffentlichte Diplomarbeit, Universität Karlsruhe 2001

Faltin, G., Zimmer, J. (1998), Die anderen Unternehmer, in: Faltin, G., Ripsas, S., Zimmer, J. (Hrsg., 1998), Entrepreneurship – wie aus Ideen Unternehmer werden, München 1998, S. 77-83

Fast, N. (1981), Pitfalls of corporate venturing, in: Research Management, March 1981, S. 21-24

Fast, N. (1982), Venture capital investment and technology development, in: Vesper, K. (Hrsg., 1982), Frontiers of entrepreneurship research, Wellesley 1982

Fischer, B. (1988), Venture Capital aus Großunternehmen für junge Pionierfirmen, in: io Management Zeitschrift 57 (1988), Nr. 10, S. 438-442

Forrester, J. (1965), A new corporate design, in: Industrial Management Review, Vol. 7, Nr. 1, Fall 1965, S. 5-17

Franke, N., Braun, C.-F. (Hrsg., 1998), Innovationsforschung und Technologiemanagement, Berlin 1998

Fried, V., Hisrich, R. (1995), The venture capitalist: a relationship investor, in: California Management Review, Nr. 2, Vol. 37, 1995, S. 101-113

Gerpott, T. (1999), Strategisches Technologie- und Innovationsmanagement, Stuttgart 1999

Gompers, P. (1992), Syndication, hold-out problems, and venture capital, unveröffentlichtes Arbeitspapier, Harvard University, Boston 1992

Gompers, P. (1993), The theory, structure and performance of venture capital, Dissertation, Boston 1993

Gompers, P., Lerner, J. (1998), The determinants of corporate venture capital successes, in: NBER Working Paper Series, No. 6725, abgerufen unter: http://www.nber.org/papers/w6725

Hagleitner, M. (2000), Corporate venture capital under the new business paradigm, Aachen 2000

Hamel, G. (1999), Bringing silicon valley inside, in: Harvard Business Review, September-October 1999, S. 70-84

Hardenberg, C. (1989), Die Bereitstellung von Venture Capital durch Großunternehmen, Göttingen 1989

Hardymon, G., DeNino, M., Salter, M. (1983), When corporate venture capital doesn't work, in: Harvard Business Review, May-June 1983, S. 114-120

Hébert, R., Link, A. (1982), The entrepreneur – mainstream views and radical critiques, New York 1982

Hofstetter, S. (1990, Technologietransfer als Instrument zur Förderung von Innovationen in technologieorientierten Klein- und Mittelbetrieben, St. Gallen 1990

Jewkes, J., Sawers, D., Stillermann, R. (1962), The sources of invention, London 1962

Johnston, M. (1989), Innovation: how it is encouraged in R&D at 3M, in: Engineering Management Journal, September 1989, S. 19-26

Katz, R., Allen, T. (1982), Investigating the Not-Invented-Here-Syndrom, in: R&D Management, 12.01.1982, S. 7-19

Kets de Vries, M. (1977), The entrepreneurial personality: a person at the crossroads, in: Journal of Management Studies 14 (1977), S. 34-58

Kets de Vries, M. (1985), The dark side of entrepreneurship, in: Harvard Business Review, November-December 1985, S. 160-168

Klemm, H. (1988), Die Finanzierung und Betreuung von Innovationsvorhaben durch Venture Capital-Gesellschaften, Frankfurt/Main u.a. 1988

Knyphausen-Aufseß, D. (2003), Etablierte Technologieunternehmen, Ausgründungen, Start-Ups: Neue Strukturen des wirtschaftlichen Wandels, in: Ringlstetter, M., Henzler, H., Mirow, M. (Hrsg., 2003), Perspektiven der Strategischen Unternehmensführung, Wiesbaden 2003, S. 347-369

Kortum, S., Lerner, J. (1998), Does venture capital spur innovation?, in: NBER Working Paper Series, No. 6846, abgerufen unter: www.nber.org/papers/w6846

Kreilkamp, E. (1987), Strategisches Management und Marketing, Berlin u.a. 1987

Lanjouw, J., Schankerman, M. (1999), The quality of ideas: measuring innovation with multiple indicators, in: NBER Working Paper Series, No. 7345, abgerufen unter: www.nber.org/papers/w7345

Leibenstein, H. (1960), Economic theory and organizational analysis, New York 1960

Levitt, T. (1976), Management and the post industrial society, in: The Public Interest, Summer 1976

Lossen, U. (2002), Corporate Venture Capital. Innovationserfolg und dessen Messung, unveröffentlichte Diplomarbeit, Katholische Universität Eichstätt-Ingolstadt 2002

Macrea, N. (1976), The coming entrepreneurial revolution, in: The Economist, 25.12.1976, S. 41-95

Martin, P. (1983), Siemens beteiligt sich am größten deutschen Fonds, in: Handelsblatt, 04.10.1983, S. 7

Maselli, A. (1997), Spin-Offs zur Durchführung von Innovationen, Wiesbaden 1997

Merkle, E. (1984), Venture Capital als Instrument des Technologie-Managements, in: Der Betriebs-Berater, Heft 17, 1984, S. 1060-1064

Mirow, M. (1998), Innovation als strategische Chance, in: Franke/Braun (Hrsg., 1998), S. 481-492

Mirow, M. (2003), Wertsteigerung durch Innovation, in: Ringlstetter, M., Henzler, H., Mirow, M. (Hrsg., 2003), Perspektiven der Strategischen Unternehmensführung, Wiesbaden 2003, S. 331-346

Möhrle, M., Voigt, I. (1993), Das FuE-Programm-Portfolio in praktischer Erprobung, in: Zeitschrift für Betriebswirtschaft, 63. Jg., Heft 10, 1993, S. 973-992

Morner, M. (1997), Organisation der Innovation im Konzern. Gestaltung von Konzernstrukturen zur Hervorbringungen von Durchbruchinnovationen, Wiesbaden 1997

Nathusius, K. (1979a), Venture Management, Berlin 1979

Nathusius, K. (1979b), Grundansatz und Formen des Venture Management, in: Zeitschrift für betriebswirtschaftliche Forschung, Nr. 31 (1979), S. 507ff.

Perez, R. (1986), Inside venture capital: Past, present, and future, New York 1986

Perridon, L., Steiner, M. (1995), Finanzwirtschaft der Unternehmung, 8. Aufl., München 1995

Pfeiffer, W., Schneider, W., Dögl, R. (1986), Technologie-Portfolio-Management, in: Staudt, E. (Hrsg., 1986), Das Management von Innovationen, Frankfurt 1986, S. 107-124

Pfeiffer, W., Metze, G., Schneider, W., Amler, R. (1991), Technologie-Portfolio zum Management strategischer Zukunftsgeschäftsfelder, 6. Aufl., Göttingen 1991

Pfender, S., Pölert, A. (2001), IPO von Start-Ups zum Ausbau der Eigenkapitalbasis, in: Ringlstetter, M. (Hrsg., 2001), Clicks in E-Business. Perspektiven von Start-Ups und etablierten Konzernen, München/Wien 2001, S. 2953-318

Pinchot, G. (1985), Intrapreneuring, New York 1985

Porter, M. (1986), Wettbewerbsvorteile, Frankfurt/Main u.a. 1986

Prowse, S. (1998), Angel investors and the market for angel investments, in: Journal of Banking and Finance 22 (6-8) 1998, S. 785-792

Quinn, J. (1979), Technological innovation, entrepreneurship, and strategy, in: Sloan Management Review, Spring 1979, S. 19-30

Rappaport, A. (1995), Shareholder Value – Wertsteigerung als Maßstab für die Unternehmensführung, Stuttgart 1995

Rind, K. (1986), Dealing with the corporate venture capitalist, in: Pratt, S., Morris, K. (Hrsg., 1986), Pratt's guide to venture capital sources, Wellesley 1986

Ringlstetter, M., Oelert, J. (2001), Perspektiven des E-Business, in: Ringlstetter, M. (Hrsg., 2001), Clicks in E-Business. Perspektiven von Start-Ups und etablierten Konzernen, München/Wien 2001, S. 3-44

Roberts, E. (1980), New ventures for corporate growth, in: Harvard Business Review, July-August 1980, S. 134-142

Rock, A. (1987), Strategy vs. tactics from a venture capitalist, in: Harvard Business Review, November-December 1987, S. 63-67

Rütschi, K. (1989), Wie man Innovationen durch Corporate Venturing beschafft, in: io Management Zeitschrift 58 (1989), Nr. 6, S. 48-52

Sahlman, W. (1990), The structure and governance of venture capital organizations, in: Journal of Financial Economics, Nr. 27, 1990, S. 473-524

Sanktjohanser, S., Höllmüller, M. (2001), Management einer Venture Capital-Gesellschaft im E-Business, in: Ringlstetter, M. (Hrsg., 2001), Clicks in E-Business. Perspektiven von Start-Ups und etablierten Konzernen, München/Wien 2001, S. 273-293

Schefczyk, M. (1998), Erfolgsstrategien deutscher Venture Capital-Gesellschaften, Stuttgart 1998

Schmidt, R. (1985), Venture Capital aus der Sicht der Finanzierungstheorie, in: Betriebswirtschaftliche Forschung und Praxis, 37. Jg. (1985), S. 421-437

Schmidtke, A. (1985), Praxis des Venture Capital-Geschäftes, Landsberg/Lech 1985

Schumpeter, J. (1926), Theorie der wirtschaftlichen Entwicklung, 2. Aufl., München 1926

Schumpeter, J. (1939), Business cycles – a theoretical, historical and statistical analysis of the capitalist process, Band 1, New York u.a. 1939

Schumpeter, J. (1996), The fundamental phenomenon of economic development, in: Leube, K. (Hrsg., 1996), The essence of J.A. Schumpeter, Wien 1996, S. 182-214

Schuster, M. (2001), Corporate Venture Capital, in: WiSu – Das Wirtschaftsstudium 30 (2001), S. 1288-1292

Schween, K. (1996), Corporate Venture Capital, Wiesbaden 1996

Seibert, H. (1998), Vier-Stufen-Modell der Venture-Capital-Finanzierung, in: Zeitschrift für das gesamte Kreditwesen, Nr. 5/1998, S. 37-39

Siemens (1999a), Geschäftsbericht 1999

Siemens (1999b), Siemens Venture Capital GmbH – Statusreport vom 30.04.1999, interne Präsentationsunterlage vor dem Siemens New Ventures Network

Siemens (1999c), Förderung von Venture-Aktivitäten, Rundschreiben des Zentralvorstands Nr. 15/99 vom 22.01.1999

Siemens (2002), Siemens Venture Capital decides to expand its business, Pressemitteilung der Siemens AG vom 11. Dezember 2002

Siemer, S. (1991), Diversifizieren mit Venture Management, Berlin 1991

Silver, A. (1985), Venture capital. The complete guide for investors, New York u.a. 1985

Sinetar, M. (1985), Entrepreneurs, chaos, and creativity – can creative people really survive large company structures?, in: Sloan Management Review, Winter 1985, S. 57-62

Sullivan, M., Miller, A. (1996), Segmenting the informal venture capital market, in: Journal of Business Research, Nr. 1, 1996, S. 25-36

Symonds, M. (1999), Business and the internet, in: The Economist, 26.07.1999, S. 10

The Economist (1997), A really big adventure, in: The Economist, 25.01.1997

The Economist (1999), Fear of the unknown, in: The Economist, 04.12.1999

The Wall Street Journal (1984), The Brain drain: U.S. basic industries are hindered by loss of scientific talent, in: The Wall Street Journal, 27.07.1984, S. 1

Tripsas, M. (1998), Accessing external technological knowledge, in: Franke/Braun (Hrsg., 1998), S. 221-229

Wolfrum, B. (1994), Strategisches Technologiemanagement, 2. Aufl., Wiesbaden 1994

Wyss, H. (1991), Wenn Wagemut sich auszahlt. Die wechselvolle Geschichte des Venture Capital, in: Weiss, B. (Hrsg., 1991), Praxis des Venture Capital, Zürich 1991

Yates, I., Roberts, E. (1991), Initiating successful corporate venture capital investments, in: Sloan School Working Paper Series, June 1991

Zemke, I. (1998), Strategische Erfolgsfaktoren von Venture Capital- beziehungsweise Private-Equity-Gesellschaften, in: Zeitschrift für das gesamte Kreditwesen, Nr. 5/1998, S. 18-21

Zaleznik, A. (1977), Managers and leaders: are they different?, in: Harvard Business Review, May-June 1977, S. 67-78

www.ingramcontent.com/pod-product-compliance
Lightning Source LLC
Chambersburg PA
CBHW061333220326
41599CB00026B/5171